# ネガティブな感情が成功を呼ぶ

トッド・カシュダン
ロバート・ビスワス＝ディーナー 著
高橋由紀子 訳

The UPSIDE of Your
SIDE

Whole Self
“Good” Self—
and Fulfillment

Todd B. Kashdan and Robert Biswas-Diener



草思社

**THE UPSIDE OF YOUR DARKSIDE**


This edition published by arrangement with Hudson Street Press,
a member of Penguin Group (USA) LLC,
a Penguin Random House Company
through Tuttle-Mori Agency, Inc., Tokyo

ネガティブな感情が成功を呼ぶ

目次

## イントロダクション　どんな感情にも意味がある

特殊部隊のエリート兵士を採用するためによく使われる試験のうちでもっとも難しいものは、射撃技術や格闘能力をみるものではない。人里離れた道をただ走らせるという試験だそうだ。候補の若者たちは、早朝フル装備を身につけて出発地点に集合するように指示される。その時点でおそらく寝不足だし、腹も空いている。しかもこの試練が何より苦しいのは、どれだけ走るのかを教えてもらえないことだ。300ヤード（270m）走ればいいのか、3マイル（4・8km）走らされるのか、それともまさか30マイル（48km）？

候補生たちは見通しが立たないままに走り出す。これは大きな賭けだ。単距離走だった場合に1番になれるようにと、勢いよく飛び出していく者もいる。また、マラソンになるかもしれないと考えて、慎重にエネルギーを温存しながら走る者もいる。自分の判断と意志だけを信じてひとりで黙々と走る者もいれば、グループを作って互いを励ましながら走る者たちもいる。60ポンド（27kg）の背のうをしょって走るうちに体力は消耗してくる。しかし、彼らにとって肉体的疲労よりもっと辛いのは精神的な苦痛である。どこまで行けばこのレースが終わるのかわからないという重圧感に耐え切れず、多くの候補生が脱落する。

するべきことが明瞭でない状況では、人格が表面に現れやすい。おそらく誰もが、この候補生たちが味わったような心理的抑圧を経験したことがあるのではないだろうか。この先何が起きるのか明確にわからない状況に耐え、意欲《モチベーション》を必死に保ち、周囲からの支えも受けつつ自分の思いを見つめて進むというような場面である。こういう状況は、仕事、人間関係、健康問題など、私たちが成功を望むすべての分野で起こりうる。

エリート候補生がこのランニング試験を乗り切るために必要な資質が、夫婦間の衝突をうまく解決できる人、ビジネスの交渉を有利にまとめられる人、子育てがうまくできる人などに共通に見られる資質だというのは、驚くに当たらない。それは「心理的な不快感」に耐える能力である。

こういう資質を、心理学用語で「不快情動耐性」という。たとえば野外のキャンプに行くと、シャンプーも水洗トイレもないし、テントの隙間からは気味の悪い虫が入り込んでくる。しかしそういう状況でも平気な人がいる。それと同様に精神面においても、怒り、罪悪感、退屈などの不快感に尻込みしない人たちがいる。彼らは不快感に耐えられるだけでなく、そうすることが適切な場合には、そのダークな感情を活かすこともできる人たちだ。

「そんなことができる方がいいのだろうか」と皆さんは思っただろう。「不快感などごめんだ。幸せでいる方がいい」。そう思うのはもっともだ。皆さんにはぜひ幸せでいてほしい。

だが不快感に耐える能力が大事なのは、キャンプ上手になるためでも、立派な兵士になるためでもない。そういう能力を身につけた人は強く、賢く、精神の働きが敏捷になる。それに何よりも、少々のことではびくともしない強固な幸福感を持てるようになる。

我々ふたりの著者は、過去10年以上にわたり、多くの患者、クライアント、学生を対象に研究を行い、また小企業から軍隊やフォーチュン100社のような巨大組織まで、さまざまな組織において調査を行ってきた。その結果をもとに、人生においてぜひ手に入れたいことを追求するための新しい道を、読者の皆さんにお伝えしたいと思っている。それはいわゆる「幸福」そのものではないが、結果として幸福になるという副作用を持つ。我々はこの状態を「**ホールネス**（**全体性**）」と呼んでいる。

## 「幸福」の先にある「全体性」をめざす

幸福、忍耐強さ、楽観性など、何か一定の特質を身につければすべてがうまく行くかのように主張する専門家が――特に心理学の世界で――後を絶たない。だが我々はそういう考え方をしない。ひとつの心理状態が最善だとするのではなく、どんな心理状態もすべてよいのだと考える。すべての感情が有用だと信じており、最新の研究結果もそのことを裏づけている。辛い気持ちなど、一般にネガティブと考えられている感情も同様である。

「怒り」を例にとれば、怒りの感情が手におえないほど激しくなって暴力に発展するようなことはめったに起きない（調査結果がそれを示している）。怒りは人間としての当然の権利が侵害された時に生じることが多い。怒りによって、自分や自分にとって大事な人を守り、健全な境界を維持するための行動が引き起こされるのである。同様に「恥ずかしい」という感情は、屈辱的な状況になる前に警告として働く。自分が何か些細な間違いをしており、少々訂正が必要だと知らせてくれるのである。「罪の意識」にしても、一般に考えられているような悪いものではない。自分の道徳基準を外れているから、行動なり基準なりを修正するべきだと教えてくれるシグナルである。

あらゆる心理状態には、「アダプティブ・アドバンテージ（変化に適応するための優位性）」がある。従ってどれかひとつがよいと決めてそちらをめざすのではなく、さまざまな感情――とりわけ目を背けがちな感情――の有用性を考え、どんな心理状態でもうまく舵を取って生きる能力を身につける方がいい。人はさまざまで、人生の明るい面を見ることが苦手な人もいるし、また逆に、気持ちが沈むことなどめったにないという人もいる。もっと幸福感を増やすべきだとか、ちょっとネガティブ感情を加える方がいいというのではなく、両方が大事だということだ。両方の心理状態を適度に行ったり来たりすることによって、バランスのとれた安定した「ホールネス」を持つことができる。**人間に与えられた自然な感情をすべて活かせる人、つまりポジティブ感情もネガティブ感情も受け入れて幅広く活用できる人が、もっとも健全であり、人生において成功する可能性が高い。**

しかし「ホールネス」を獲得するのはそう簡単ではない。いくつかの一定の感情を追い求める方が楽だし、その方が気分もいいからだ。最高の気分を味わい損ねるということはまずない。愛する人と唇を重ねたあの素晴らしい瞬間、あるいは受賞者として自分の名前が読み上げられ同僚たちから歓声が上がった瞬間などを思い出してみればわかる。

一方で怒りや罪悪感などのネガティブ感情は、味わうことに苦痛が伴うので押し殺そうとしがちだ。失恋、バスケの試合終了直前のミスショット、ぶざまに失敗した面接などの経験は、フラストレーションや自信喪失をもたらし、何かにつけ自責の心が頭をもたげる。しかしこれらのネガティブ感情は、人生に関する知識を増やし成熟を促す働きをする。ふつうは避けたいと思うこれらの経験が、後になって人生でもっとも忘れがたい感動的な経験となることもある。ポジティブ感情だけでなく、ネガティブ感情もまっすぐに受け止めて活かすことを覚えれば、成功への道が開ける。

## めざすところはひとつ

本書を信じて選び、時間を投じて読んでくださっている皆さんに、ここで著者たちについてお話ししたいと思う。我々がポジティブ心理学の世界に入ったのは10年以上前のことだ。まだこの新しい科学分野はようやく芽吹いたばかりだった。旧来の問題にまったく新たな方法で取り組む新鮮な学問分野に、我々は大いに期待を膨らませた。それまでは不安や抑うつの研究が主であった心理学の分野に出現した、この「ポジティブ心理学」という視点は画期的なものだった。

我々は、ポジティブな経験を、不安や抑うつといったいわゆるネガティブな経験と関係づけた研究ができるのではないか、さらにはそれを医療にも応用できるのではないかと考えた。しかし、ポジティブ心理学の世界には、熱狂的な「幸福学」が幅を利かせていて我々がめざすものが見つからなかった。ポジティブ心理学はもともと「ポジティブ経験の重要さ」を人々に知らせるものだったのが、この15年ほどの間に、笑顔の独裁体制のようになってしまった。

ポジティブ志向がもっとも顕著に見られるのが、ビジネスの世界だ。ゼネラル・エレクトリック（GE）の舵取りを引き継いだジャック・ウェルチが「ストレッチ・ゴール（達成可能レベルより少し上に目標を設定する）」ことを勧めたのは、わずか30年前のことだ。社員を、努力が求められる苦しい状況に置けば、本人の成長が促され、結果として業績が向上すると、彼は考えていた。だが最近主流の経営スタイルは「社員をいい気分にすることがビジネスの成功につながる」というものだ。いわゆる「幸福優位」で、研究データもそれを実証している。幸福度の高い社員は顧客からの評価もよく、同僚に協力することが多く、より多くの利益をあげる。ポジティビティの熱心な提唱者たちが、それを職場における万能薬のように自信を持って宣伝するだけの裏づけデータは確かにある。しかし実は、あまり表に出てこない調査結果もあって、それは人生に対する満足度がもっとも高い人たちは、それほど収入が高くなく、仕事ぶりもそれほど勤勉でないという事実である。

幸福優位を利用して成功に結びつけようとする企業の中には、社員たちが時に感じるもっともな理由のある不満にどう対処するべきか悩んでいるところもある。たとえば、電話代行サービス会社「ルビー・レセプショニスト」である。この会社は『フォーチュン』誌の「もっとも働きがいのある中小企業ランキング」で全米1位に選ばれた。社員はもちろん自社のポジティブな企業文化に誇りを持っている。社内には互いを支え合う雰囲気がある。職場は遊び心にあふれていて楽しい。電話対応スタッフは有給の長期休暇がもらえ、ハワイ旅行というボーナスもある。職場にフィットネス教室があり、そのほかにも元気の出るような社員特典がたくさんある。社員たちはおそらく90パーセントの時間は、心からの笑顔を浮かべて働くことができるだろう。しかしこの会社は残りの10パーセントのために苦労している。仕事をしていればどうしても不平不満やフラストレーションが生じるし、悪意にも出会う。こういうネガティブ経験に、経営陣も社員たちもどう対処していいかわからないのである。

我々もその問題を考えるようになった。そして研究を進めるうち、ポジティブとネガティブの交差する点に、ますます興味を惹かれるようになった。

## ダークな面のよい点を活かして使う

1972年、世界の注目がドイツで開かれたミュンヘンオリンピックに集まっていた頃のことだ。9月10日の朝、アメリカの陸上選手フランク・ショーターは、生涯の大勝負である男子マラソンに向けて気持ちの準備をしていたが、さまざまな理由で、大事な精神統一がなかなかできなかった。前日の1万メートルが、不本意ながら5位に終わったこと。チームメートで、伝説のランナーと言われていた5000メートルのスティーブ・プリフォンテーンが、最終ラップで遅れて4位に終わり、メダルを逃したこと。そしてご存じの通り、パレスチナ武装組織がイスラエルの選手数名を人質にとり殺害するという衝撃的な事件が起きて、競技への情熱が損なわれたという事実もあった。

それればかりではない。マラソンの最終局面で、オリンピック史上まれに見る奇妙なできことが起きた。道路を走りながら後ろを振り返って2番の選手との間合いをはかっていたショーターの自信は、競技場に足を踏み入れた途端、ローラーコースターのように急降下した。自分が1番ではないことに気がついたのである。実は直前にひとりのドイツ人学生が、警備の隙をついて陸上トラックに飛び降り、首位の走者のふりをして走っていたのだ。競技場に入る前、このペテン師走者に騙された観衆から大歓声が起こったこともショーターの気持ちをかき乱した。そして次には、騙されたことに気づいた観衆からブーイングの嵐が起こり、ショーターは訳のわからない状況の中で、ひたすら気力を振り絞って走り続けなければならなかった。しかし彼はこれほど多くの精神的、心理的、身体的な困難を乗り越えて、最終的に金メダルを勝ち取ったのである。

ショーターのこの異常な体験は、マラソンでも人生のさまざまな局面でも、ふたつの異なる経験が同時に起きうることを示している。長距離走というのは、身体的な競技だと思われがちだが、体が行うのは足を交互に出して走ることだけで、実際には主にメンタルな競技だ。我々は、何十人ものランナーから話を聞いたのだが、同じ内容が数多く語られた。トラック上で「複数のレース」が行われるのだと言う。

多くの選手が、レースを序盤、中盤、終盤と区別して語った。序盤は強い集中力を保って走る。中盤は深い内省と共に走る。そして終盤には本能的なエネルギーが爆発的に湧き出てくるという。我々の研究に直結するのは、特にこの最終部分である。レース終盤、選手たちは、「怒り」「自己懲罰」「ライバルを叩きのめしたいという攻撃性」その他のいわゆるネガティブ感情を総動員して、自らの能力を押し上げようとする。ポジティビティや楽観主義が、成功の80パーセントに関わるとすれば、残りの20パーセントは、あらゆる心理状態を活用することによって可能になる。

我々も皆さんも、辛い感情や思考、暗い衝動などを、活用する機会を与えないままに、さっさと捨ててしまってはいないだろうか。親切、共感、マインドフルネス（意識を今この瞬間に集中させること）、楽観性、ポジティビティなどが健康、人間関係、仕事の成果にもたらす恩恵は明らかだが、それに心惹かれるあまり、不快な感情の価値を忘れてしまいがちだ。我々がこんな風に考えるようになったのは、多くの調査が直感に反するような結果を示していることを知ったからだ。それは「幸福が思わぬ副作用をもたらすことがあり、不快な心理状態が時に好ましい結果を生むことがある」という事実である。

また、我々は「ホールネス」という考え方に共感している。これこそ、我々が科学と人生についてこれまでに知ったことすべてに当てはまると思えるからだ。ホールネスは、どの文化圏の神話でも特に重視されていて人間心理の原風景の中にあると言える。自然が人間に与えた無限のエネルギーを自由に取り出せる方が、ポジティブで元気で親切で、愛情にあふれて利己心がないという状態に自分を縛りつけようとするよりも、ずっといいのではないだろうか。自分の暗い部分《ダークサイド》を避け、その価値を認めようとしなければ、無限の可能性を自由に開花させられない。

本書はいわゆる「幸福本」ではないが、そういう直接的なアプローチによって得られるよりも、さらに大きな喜びを得る方法をお伝えできると思う。実際、最新の研究結果を見れば、直接幸福に向かう道はないということがわかる。もちろん我々は、幸福、ポジティビティ、親切、マインドフルネスなどを否定しようなどとは考えていない。むしろどれも素晴らしいと思っている。ただ読者の皆さんに、もう一歩踏み出して、幸福を一段上のレベルにしませんかと言いたい。そのためには、人が心理のナップサックに詰め込んでいるすべての感情を引き出して活かす必要がある。これまで無視したり、見下したりしていた自分の暗い部分まで、すべて引き出して統合するのである。この後の各章を読んで、情動的、社会的、精神的な敏捷性を身につける方法をぜひ学んでもらいたい。それらを有効にし、自分自身のダークサイドを活かそうと踏み出すなら、その時初めてホールネスが体感できる。

# 第1章

# 幸福を求めるほど不安になるのはなぜ？

16世紀のデンマークに、ティコ・ブラーエという天文学者がいた。天才的な科学者としても有名だったが、派手な生活ぶりでも知られていた。決闘で切り落とされた鼻の代わりに金属製の義鼻をつけ、大酒飲みのヘラジカを連れてパーティに行ったりしたという。しかし彼の名が長い年月称えられてきたのは、天文学における偉大な貢献による。彼は天体の本質に関する従来の哲学的、宗教的な考えに疑問を持ち、夜空のすべての星の動きを注意深く観察してそれを天体図にまとめた。彼の残した記録はその後、数多くの驚くべき発見につながった。

星の誕生と消滅の発見もそのひとつで、これによって「天上にあるものはすべて不変」という古来の考え方が一変した。酔っぱらったヘラジカを脇にはべらせた義鼻の科学者は、近代天文学の父として歴史に名を残した。彼の築いた土台の上に、弟子のヨハネス・ケプラーをはじめとする近代天文学者たちの研究が開花したのである。

現在、心理学もこの「ブラーエの瞬間」のような時を迎えているように思う。これまで人々は、よりよい生活を送るための直観的にわかりやすいアプローチを考え出してきた。たとえば心理学者アブラハム・マズローの「欲求の五段階説」などは、皆さんも聞いたことがあるだろう。人はまず、食べることや身の安全といった基本的欲求が満たされる必要があり、その後に自尊心や充足感などを満たすことができるというものだ。また、どうすればもっと幸せになるかという常識的アドバイスも、世の中にはあふれている。「人に親切にする」「自分が恵まれている点を数える」「通勤時間を短くする」「友人や家族と過ごす時間を増やす」「シンプルに暮らす」「すべてをほどほどにする」など、どれも非常にけっこうだ。しかし、これらお決まりのアドバイスが誰にでも、どんな場合にも役に立つという証拠は、果たしてあるのだろうか。

現在は、高度な神経科学や統計学、日々の経験を効率よく記録できる携帯情報端末の出現など、手法と技術革新により、心理学にとって絶好の環境が整ってきた。今こそ心理学にとっての「ブラーエの瞬間」、つまり生活の質に関する基本的な理解が大きく変わるチャンスだ。科学の進歩のおかげで、心理学全般にとって、特に「幸福」というテーマに関して、画期的な発見がふたつあった。ひとつは、私たちが幸福に関して間違った方向に行きかけているということ、もうひとつはそれを修正するためにできることがあるということだ。

## これまでのやり方で幸福を追求しても幸福になれない

狩猟採集社会に生きていた時代と比べると、現代人の暮らしぶりの進歩はめざましい。雨風を凌ぐこと、日照り、次の獲物などを心配する必要がほとんどなくなったため、「どうしたらもっと幸福になれるか」に誰もが関心を持つようになったのも、自然な成り行きだろう。2人の心理学者、イリノイ大学のエド・ディーナーとヴァージニア大学の大石繁宏が、世界48か国の1万人以上を対象に行った調査によれば、どの国の人も皆「幸せであること」が、他の個人的な望み——意味ある人生、金持ちになること、死後に天国へ行くことなど——よりも重要であると考えていた。

人々が幸福になりたいと焦る理由のひとつは、多くの研究結果が「幸福」というのは単に気分がいいというだけでなく、当人にとって有益なものだということを、次々に実証しているからだ。幸福研究者たちは、ポジティブ感情を、収入増加、免疫力アップ、親切心の高まりなど、多くの利点と結びつけている。これらの望ましい状態が、幸福感をはじめとするさまざまなポジティブ感情によって引き起こされると、研究者たちは指摘している。ノース・カロライナ大学のバーバラ・フレドリクソンは、「幸福感は進化のために与えられた人類の生得権」だとさえ論じている。つまり、幸福感が個人的・社会的資源の生成を助け、人生における成功と（人類進化の視点から見た）生存を可能にしてきたというのである。

だがここで、あまりハッピーでない疑問がひとつ頭をもたげてくる。幸福感が進化の面で優位性をもたらし、誰もがその価値を認め、幸せになるための優れたアドバイスが何千年にもわたって提供されてきたのに、なぜ世界には幸福がもっと行き渡っていないのだろう。なぜ幸福感の蔓延が話題にならずに、うつや不安の爆発的増加が問題になるのだろう。エモリー大学の研究者コーリー・キイスは、あらゆる年代のアメリカ成人3000人超を対象にした調査で、心理的に「繁栄《フラリッシュ》」していると判断されたのは、全体のわずか17パーセントだという衝撃的な結果を発表した。次頁はそのチェックテストである。

**繁栄のレベルチェック**

次の8つの文章を自分に照らし合わせ、回答を1から7の数字で選んでください。

1－まったくそう思わない　2－そう思わない
3－あまりそう思わない　4－どちらとも言えない
5－多少その通りだ　6－その通りだ　7－まったくその通りだ

自分は目的を持った意味のある人生を送っている（　）
周囲の人々の力になり、また周囲からの恩恵を受けている（　）
日々の仕事や活動に、興味を持って熱心に取り組んでいる（　）
周囲の人たちが幸福で元気に暮らせるように積極的に貢献している（　）
自分にとって大事な活動において、自分は優れた能力を持っている（　）
自分はよい人間で、まっとうに暮らしている（　）
将来に関して楽観的である（　）
人から尊敬されている（　）

**スコアの出し方**——数字を集計すると、8点～56点までの点数になります。高い点数は、多くの心理的資源と強みを備えていることを意味します。

なぜ先のような低い数字が出るのだろう。幸福感がこれだけ注目されているにもかかわらず、多くの人は幸福になるための選択が正しくできていないことになる。皆さんが、幸福になるためにジムへ行って運動したり、ハワイへ遊びに行ったり、瞑想《メディテーション》を練習したり、子どもを放課後の習い事に4つも通わせたりしていることを、批判するつもりは毛頭ない。だが我々も含め、誰でも時に幸福に関して的外れなことをすることがある。最新の調査結果の多くが示しているのは、ほとんどの人が多かれ少なかれ見当違いの努力をしているということだ。

ペンシルベニア大学のバーバラ・メラーズ、ティム・ウィルソン、ダニエル・ギルバートの研究を見てみよう。この3人は、「感情のタイムトラベルエラー」とでも呼べるような状況について、一連の研究を行った。ベテランの気象予報士でもほんの些細な予測ミスをおかして、その週の天気予報に大きな影響を及ぼしてしまうことがあるように、人も、何かの出来事がそのあと自分をどんな気分にさせるかの予測を誤ることがある。たとえば、応援する候補者が選挙で勝ったり、地元のチームが試合に勝ったりしたらどれくらいうれしいかを、私たちは過大に見積もりがちだ。一方で、大変なこと——たとえば知らない土地に引っ越すことなど——については、その大変さを甘く見積もる傾向がある。

メラーズたち3人が行った別の調査を見てみよう。「プランド・ペアレントフッド（家族計画のためのサービスを提供する団体）」で妊娠検査を受けた女性たちを対象にした調査である。女性たちはふたつのグループにわかれる。妊娠を望まない女性たちと妊娠を望む女性たちである（注意：妊娠する努力を続けてきた人は除外されている）。検査で陰性・陽性の結果が出る前に、自分の望み通りだったらどれくらいうれしいかを女性たちに予測してもらった。陰性を望んでいた人たちは、妊娠していないとわかったら大喜びすると回答した。妊娠を望んでいた人たちもまた、陽性が出たら非常にうれしいだろうと答えた。

検査の結果が出た時、驚いたことに、女性たちの感情には苦悩もなければ歓喜もなかった。感情の天秤はごくわずかに傾いたに過ぎなかった。子どもが欲しかった女性たちは、願いがかなわなかったと知っても、しょげ返ることはなかった。多少がっかりはしたが、すぐにもとの心理状態に戻っていった（これまで何か月も何年も試みて妊娠できなかったという人の場合は、違う結果が予想される）。また、子どもが欲しくなかったのに、思いがけず新しい命の存在を知った女性たちは、予期していたような強い不安に襲われることはなかった。その反応は概して穏やかなもので、一部には予想外の喜びが湧き上がるのを感じた女性もいた。

将来どんなことが自分を幸せにするのかを正しく予想できない理由のひとつは、「自分には不快な感情に耐えたり、適応したりする能力がある」ということを見落としているからだ。たとえば新しい職に就く時など、最初の1週間ほどは不安でいっぱいかもしれない。しかしやがて、何年もそこで働いているかのように速やかに仕事をこなしている自分に気づく。

私たちは、この「感情のタイムトラベルエラー」にもっと注意を払う必要がある。なぜかというと、何かを決断する時というのは、あとで自分がどんな気持ちになるかを推量し、それに基づいて判断するからだ。たとえば、ずっと夢見ていた郊外の家を買うとする。寝室が5つもあって、広い芝生の庭がある家だ。その時頭にあるのは広々としたテラスでコーヒーを楽しむ自分の姿であって、友達の家に行くにも職場に行くにも、これまでより30分も余計に時間がかかるようになることは、大した問題ではないと思っている。

また、大きな昇進の機会を与えられたらさぞ幸せになると考えるが、実際には成功するために長時間働かなければならないので、家族との時間を犠牲にすることになる。そのほかにも、誰と結婚するか、いつ子どもを作るか（あるいは作らないか）、どの地方で暮らすかなど、人生にはいくつもの大きな決断がある。そういう時に自分の感情の動きをしっかり理解していないと、判断が危ういものになりやすい。これは誰にも言えることだ。**私たちは、よいことに関しては、ものすごくいい気分になるだろうと過大に期待し、辛い状況に関しては、それに耐える自分の能力を過小評価する傾向がある。**つまり、自分があとでどんな気分になるかに関して、人はたいてい判断を誤るのである。

幸福追求に関して私たちがどれほど間違った判断をしているかを指摘しているのは、カリフォルニア大学バークレー校のアイリス・モースである。彼女は、天体の動きを突き止めたティコ・ブラーエと同様に、「幸福は努力で達成できる」という世間一般の考え方に疑問を持ち、感情の天空に漂う真実を知ろうとした。「そもそも人は幸福を追求するべきなのか」などという、世間から嫌がられそうな疑問も呈した。モースは共同研究者と共に行った調査で、「幸福を追求することが大事だと考えている人たちは、そうでない人よりも寂しさを感じることが多い」という結論を出した。この調査では、幸福のさまざまな利点をほめそやす内容のニセの新聞記事を調査参加者の半数に読ませ、幸福の重要性を印象づけた。記事を読んだ参加者たちは、読まなかった人たちよりも強い孤独感を覚え、プロゲステロン（人との絆を感じた時に放出されるホルモン）のレベルも低くなったという。あまりに幸福の重要性が強調されると、寂しくなるばかりか、その影響は身体にまで及ぶようだ。

人は皆、自分が将来どれほどの幸せを感じるかを正しく推測できない。にもかかわらず、人生の重要な決断をその誤った推測に基づいて行う。テレビを購入するのも、引退後の生活を計画するのも、ディナーの招待を受けるのも、それがどのくらい楽しいかをいい加減に推測して決める。これでは幸福になり損なうのも無理はない。そこでますます、幸福本や幸福コーチ、コンサルタントのビジネスが活況を呈することになる。

広く普及している幸福追求のアプローチ、つまり誰にでも役立つとされている常識的な幸福の処方箋を使って頑張っても、現実にはそれほどうまく行かない。ブラーエの義鼻と同じで、本物らしくは見えるけれども、実際の役に立たない。幸福になるためには、新たな戦略がいくつか必要である。それにはまず、それに関わる事柄を十分に理解しなければならない。

生きていく上で、拒絶、挫折、自信喪失、偽善、喪失、倦怠などを経験することや、気に障る不愉快な人たちと接することは避けられない。しかしそれらに対処する唯一の解決策がポジティビティだとは、我々は考えない。また、できるだけ苦悩の少ない人生が健全な人生だとも思わない。実際には誰の人生にも、親を失くす、離婚する、望んでいた昇進の機会を逃すなどの辛い出来事は避けがたく起こる。その時にその辛さを受け入れようとしないと、それが苦悩に変わるのである。感情的・身体的な不快感、人間関係における不快感から目を背けた時に、苦悩が生じる。

だから、もっと幸福度を高めようと努力するよりも、**ポジティブもネガティブも含めた広範囲の心理状態を受け入れる能力を身につけて、人生の出来事に効果的に対応することの方が大事だ**と我々は考えている。それが「ホールネス（全体性）」という状態である。避けがたい人生の試練に直面すると、それに伴うネガティブな思考や感情を何とか抑えなくてはと思いがちだが、そういうムダな努力はやめてしまうのが一番だ。すべての感情を含む健全な「ホールネス」を持つ人は、大事なことのためには、感情のダークサイドも活かして使うことができる。

私たちがふつうネガティブなものと捉えている感情も、ポジティブ感情以上に役に立つことがあるのだ。たとえば研究の結果は、以下のようなことを示している。

・習ったことがすぐにわからなくても、その混乱した状態を脱した学生は、最初から理解した学生よりも、その後のテストで高い成績を取る。

・100歳以上の高齢者たちは、自分が健康に恵まれて活動的であることが、ネガティブ感情（ポジティブ感情ではなく）に関係していると考えている。
・自分が犯罪被害者になった経験を持つ刑事たちは、一般人が犯罪に遭った事件に、より強い決意と意欲を持って取り組む。
・配偶者からの身体的・言語的な暴力を許せば、暴力が繰り返されることが多いが、こちらが絶対に許さないという態度を示した場合、暴力は急激に減る。
・午前中は不機嫌だったのに午後は機嫌が回復した社員は、1日じゅう上機嫌な社員よりも、真剣に仕事に打ち込む傾向がある。

また創造性を調べた研究で、ネガティブ感情とポジティブ感情の両方を経験した人たちの出したアイデアは、ずっと幸福だった人たちの出したアイデアより、9パーセントほど創造性において優れていた。また仕事においても、試練に伴うストレスは、モチベーションを高める効果があった。この、「社員のやる気」に関する研究を行ったのは、ロナルド・ベドローの研究チームだが、その結果を次のように語っている。

適応能力というのは、ネガティブ感情に耐えることと、そこからポジティブ感情に移る努力が、バランスよくできることだ。ネガティブな経験を避けたり、ネガティブ感情を抑制したりすることは、仕事のモチベーション向上にも個人的成長にも役に立たない。

ベドローの研究チームは、心理状態に関して、見逃されがちな大事な点を強調している。それは感情というのは一時的なものだということだ。私たちは幸福感や憂うつなどについて話す時に、それらの感情が比較的安定したもののように思って話している。最近はポジティブ心理学が盛んなので、「持続的幸福」について語る人も多い。まるで、幸福のスイッチを入れれば、人はずっと笑顔のままでいられるかのようだ。だが実際には、私たちはポジティブとネガティブの両方の感情の間を行き来する。「ホールネス」を持った人たち、つまりよいことも悪いことも受け入れ、与えられた状況の中で最良の結果を掴む人たちこそが、健康を保ち、仕事でも学問でも成功し、幸福な人生を深く味わうことができるのである。

我々はこれを、**20パーセントのネガティブ優位性**と考える。**ホールネスを持つ人とは、約80パーセントの時間はポジティビティを感じ、残りの20パーセントの時間はネガティビティを有益に使える人のことだ。**無論この数字は正確ではなく、絶対的なもののように使ってはいけない。むしろ、80：20という割合を、ホールネスを理解するための基本と考えてほしい。

## 社会の不安が増している

この10年ほど、もっとも頻繁にニュースで取り上げられた話題のひとつが、不安に関するものだった。戦争、テロ、決められない政府、住宅市場危機、子どもの肥満など、どれも地政学的、経済的な不安である。しかし人々の精神においても、不安がじわじわと高まっていることに注目する必要がある。ストレスはウィルスのように伝染し、社会的階層、知的レベル、職業などに関係なくあらゆる人を襲う。米国立精神衛生研究所は、どの12か月間をとっても、5人に1人のアメリカ成人が、不安障害に悩んでいたという統計を発表した。ティーンエイジャーの場合はこの数字がさらに高くなり、25パーセントが病的な不安障害を抱えているという。成人期全体を通してみると、数字はさらに上がり、驚くべきことに3人に1人のアメリカ人が不安障害を経験する。しかもこの数字は不安症と診断された人のケースだけを取り出したもので、飛行機に乗る恐怖、人前で話すことへの怖れ、金銭的な不安など、日々のさまざまなストレスまで入れれば、おそらく100パーセントの人が不安を経験しているだろう。

皮肉なことに、現代の私たちは快適さを重視しすぎるあまり、ストレスを増やしているのである。空気清浄機、ヒーター付きの車の座席、目に優しい偏光レンズのサングラス、バブルバス、防水ジャケット、電気毛布、背骨の形に合わせた快適ベッドなど、快適さの追求はきりがない。もちろん人間は、いつの時代も苦痛よりは喜びを求めるもので、そうでない人がいたらお目にかかりたいくらいだ。それにしても、現代は人類の長い歴史の中で、特異な時代といえる。私たちは単に基本的な衣食住の快適さを楽しむ段階を超えて、快適中毒なのである。

なぜ、快適さの追求が問題になるのだろう。快適さを過剰に求める傾向は、たとえば殺菌作用のある石鹸を使うことなどにも現れている。身の回りの細菌の数が減った現代の人間は、かえって細菌に対する抵抗力を失っている。昔の人の生活は今よりはるかに粗野で雑なものだったが、そのおかげで人々の精神が鍛えられるというい い面もあった。

**快適さが簡単に手に入るにつれて、私たちは不快感を避ける傾向を強めてきた。**現代人は、ひとりになった瞬間にスマホを取り出す。これで「退屈」という不快感は克服だ！　高速道路では一番早い車線に割り込む。これで「待たされる」というイライラも解決。仕事から帰宅したら真っ先にテレビをつける。仕事の緊張やストレスも簡単に忘れられる。安楽さを求めるという当たり前に見える行為は、実はみな「不快感」を避けるためのものである。しかしそのことを理解している人は少ない。他者から拒絶されることを怖れる人は、人に会うことを避ける。失敗を怖れる人はリスクを冒そうとしない。他者との親密な関係を怖れる人は、退社後の時間をテレビやメールに費やす。何かを避けるという行為は、現代の構造的問題である。

問題になる回避行動にはふたつのタイプがある。「喜びを避ける行為」と、「苦痛を避ける行為」だ。喜びを避けることなんてあるのだろうか、と思うかもしれないが、「面白いことを楽しめない人」が皆さんの周りにいないだろうか（もしかしたらあなた自身かもしれない）。そういう人は、楽しいことがあっても、ほかにもっと有益な時間の使い方があるのではと思ってしまう。幸運を祝うと悪いことが起きるのではと不安になる人もいる。自分の誕生日や昇進を祝ったり、あるいはいい体操教室に入れたことを喜んだりすることさえ、自分本位で他の人をないがしろにしているように思えて心配になる。

心理学では、こういう心理状態を「マイナス化思考」と呼ぶ。人生をまともに生きていれば、いいこともきっと起きるだろう。それをマイナス化していては、素晴らしい瞬間をみな失ってしまうことになる。またポジティブ感情を他者と分かち合う機会を持てないために、人間関係も希薄なものになる。それに、ポジティブな出来事を十分味わうことができないと、その後気持ちが落ち込んだ時に、その記憶をよみがえらせて元気を取り戻すことも難しい。

もうひとつのタイプの回避行動はそれよりずっと一般的で、怒りや不安など、いわゆるネガティブ感情に背を向けるものだ。こういう傾向は、古代ギリシャの快楽主義を反映している。禁欲主義の正反対で「最高の人生は楽しむことにある」という考えである。快楽主義の問題点は、ネガティブなものの価値を信じないことだ。この傾向は現代において特に顕著で、私たちはよく友人に「どんな悪いことにも、希望があるものだよ」「そんな顔してないで、にっこりしなよ」「元気出して！」などと言う。ドイツの心理学者フリッツ・シュトラックの有名な研究によれば、実験参加者に、鉛筆を上下の歯の間にくわえたまま（こうすると微笑みの筋肉が使われる）自分について記述してもらったところ、鉛筆をくわえなかったグループに比べ、より明瞭で前向きな文を書いたという。幸福コンサルタントたちは、この研究をお墨付きにして、臆面もなく「幸せなふりをしていればそのうち本物になる」と説いた。こういうやり方はどれも本質的に、人々をネガティブな心理状態から遠ざけようとするものだ。しかし問題を避けるということは、問題解決の道を探る努力を避けることでもある。

これまで人種差別や性差別に対して数々の闘いが行われてきたが、これらの行動は「怒りの感情」を抜きにしてあり得ただろうか。人が「後悔の念」というものを一切持たない世界に、皆さんは住みたいと思うだろうか。異国に旅した時、すべて計画通りに順調に運んだら、その旅は果たして面白いだろうか。成功する見込みもほとんどないのに、目標を諦めるという辛い決断ができないために、こつこつ頑張り続ける人生を送りたいだろうか。世間にはネガティブな状況に対する明らさまな偏見があるが、ネガティブな状況を避けてばかりいたら、人としての成長と成熟が妨げられ、冒険の機会を逃し、人生の意味や目的を摑めなくなる。

## ホールネスとはどういうものか

この辺りで、「ホールネス」は現実生活の中にどのように表れるのかという話をしようと思う。多くの幸福研究で「幸福感尺度」というものが盛んに使われているが、我々は個人のストーリーを重視する研究者たちの研究を参考にしたい。生活の質を測るのに、血液検査やレントゲン検査と同じくらい確かなものがあるとすれば、それは人々が日々の経験を語る豊かなストーリーである。人が1日の出来事――タイヤがパンクしたとか、会議に遅れてしまったとか、実に面白い人物に出会ったとか、素晴らしい夕焼けを見たとか――を語る時、そこにはその人の達成感、挫折感、生きる姿勢、願望、憧れなどが表れる。その人のアイデンティティ、なりたい自分、したいことなどが、具体的な出来事を通して見えてくる。この観点から、我々が「ホールネス」と呼ぶ資質を体現していると思われる3人の人物のことをお話ししたいと思う。

## 「自信のなさ」を受け入れる

ジェニファーは、パシフィック大学の大学院で臨床心理学を学び始めて3年目になっても、大学から手紙が来ていないかと、郵便受けをチェックする習慣が止められなかった。こういう内容の手紙だ。

「ジェニファーさん、大変遺憾ながら、大学院の選考に重大な手違いがあり、貴君の入学許可を取り消さなければなりません」

ジェニファーは、自己評価が非常に低い「インポスター症候群」である。こういう症状に悩む人は多く、仕事で昇進したり、職業を変えたり、進学したり、今までより一段上のレベルに上がった時に、症状が出やすい。常に自信のない状態は不快で、苦痛ですらある。極端な場合には、不安に耐えられずに新しいチャンスを放棄してしまうこともある。

しかし、理解されていないことだが、「自信のなさ」は、特別ひどくない限りは健全な働き方をする。自信がないために、人は自分の能力を吟味して、不十分な点を改善しようと努力する。クリーブランド州立大学の研究者カール・ホィートリーは、自信のなさには――少なくとも学校教師たちに関しては――利点があると主張する。ホィートリーの研究によれば、教師たちは自分の指導法に自信がないと感じると、進んで他の人々と協力するようになり、より内省的になり、自己開発のモチベーションが高まり、変化を受け入れられるようになるという。

ジェニファーは、大学院を卒業して新米セラピストとなった。彼女は自信がないために、患者を自分で治療するか、あるいは経験あるセラピストに紹介すべきかを賢明に判断できた。能力が向上した後も、自信のなさが動機づけになって、さらにスキルを磨き、担当している患者の治療効果を注意深く見守った。自信のなさを押し殺したり否定したりせず、ツールのひとつとして受け入れることによって、ジェニファーは一流のセラピストに成長したが、今も自分を向上させる努力を続けている。

## 負けを認めて成功した登山者

増え続けるエベレスト登山者の中でも特に危険を顧みない者たちに、新しい指針を示した登山家がいる。スウェーデンの冒険家ゴラン・クロップである。彼は一風変わった登山家で、無酸素で登ることを好み、固定ロープやはしごを使わず、シェルパやポーターの助けも借りず、移動にもモーターのついた乗り物を一切使わなかった。1995年、クロップはスウェーデンの自宅からカトマンズまで、約1万3000キロを自転車で走破し、そこからエベレストのベースキャンプまで、いくつもの荷物を自分で背負って運んだ。ベースキャンプからは、どの登山隊も通ったことのない険しい岩と氷と雪の中を、道を切り開いて登った。ところが、登頂を目前にしたその日、あと90メートル登れば地球の最高峰に達するところで引き返すという苦渋の決断をした。すでに午後遅い時間になっており、登頂すれば帰りは疲れて冷え切った体で闇の中を下山することになるという状況を考えての決断だった。

クロップの驚くべき自制心と、そこまで多大な努力を注いでゴールを目前にしながら引き返す判断が、優れた予見に基づいていたことがあとでわかった。1週間後、「頂上フィーバー」としか言いようのない心理状態に取りつかれた複数の登山隊が、決めてあった刻限が来ても引き返す決心ができずに前進し、悪天候の中、極寒の山腹で動けなくなってしまったからだ。その数日間に8人の命が失われ、この「1996年のエベレスト大量遭難事故」は史上最悪のシーズンとして記録に残った。これを考えると、クロップもあそこで引き返す決断をしなかったら、たぶん命を落としていただろう。「何事も諦めないことが立派で、諦めるのはダメだ」という一般的な思い込みを、私たちは考え直す必要がありそうだ。

ゴールを設ける利点はわかりやすい。具体的なゴールがあれば、自分の成功を測る物差しができ、価値観に沿ったガイドラインができ、モチベーションを上げる明快な目標ができ、判断の指針ができる。ビジネスの世界では、ゴールを設けて業績を改善するし、スポーツの世界では、文字通りの「ゴール」を繰り返せば成功する。多くの人は、ゴールを設定することは達成を決心することであり、決心すればたいがい成功できるかのように思っている。伝説的な名ボクサー、モハメド・アリはかつてこんなことを言った。

「俺はトレーニングが大嫌いだった。でも、やめちゃダメだって自分に言い聞かせたんだ。今ツラい思いをすれば、その後はチャンピオンとして暮らせるってね」

こういう話を聞くとみなさんも、そうか、目標に向けて人一倍努力することが成功につながるんだ、と思うだろう。そして、諦めるなどというのは、精神的あるいは身体的に軟弱な人間がすることだと思う。

しかしお察しの通り、我々著者は、諦めること（強い不快感を伴う行為）が悪いことだという考え方に異を唱えようとしている。目標を立てたからといってそれに盲目的にこだわっていると、たとえば「金鉱熱」のような状況を生み出しかねない。１８５９年、カリフォルニアで起きたゴールド・ラッシュの際、多くの鉱山労働者が一攫千金を夢見て、途方もない労働と思い入れと金を、無駄につぎ込むはめになった。イリノイ大学の研究者エヴァ・ポメランツは、何かの目標に努力や資金を投じすぎると、不安が急速に高まって、心理面の「生活の質」が損なわれると説明している。目標を達成できなかった時の悪い結果を想像して自分を奮い立たせている人は、特にその傾向が強いという。

不快と感じて避けがちなネガティブ感情にはいくつか大きな利点があり、そのひとつが、目標達成への執着が薄れることだ。悲しみ、欲求不満、自信のなさ、混乱、さらには罪悪感も、そういう働きをする。ネガティブ感情が、いまはブレーキをかけ、じっくり自分の気持ちを見つめ直し、労力《エネルギー》や資源《リソース》を節約すべきだと教えてくれる。私たちは、達成が望めない信念のために無限に投資を続けてしまいがちだ。望む結果を得る可能性が細る一方なのに、損切をする決心がつかず、「サンクコスト（埋没費用、投下した労力や資金などが戻ってこないこと）」を考えて止められなくなる。そんな時は、ネガティブ感情のかけるブレーキがとりわけ重要になる。ポジティブもネガティブも包含する「ホールネス」を持つ人たちは、目標に対してもっと柔軟に行動できる。事態がよいペースで進展していれば投資を続け、ダメだと判断すれば見切りをつけて別の目標に切り替えるのである。

## 夢見ることで癒やしにつなげる

メラニー・バウムガートナーは、子どもの頃から裁判官になることを夢見ていた。しかし大学生の時に恋をして、そのために彼女の人生は予想外の方向に向かうことになる。ロースクールに行く代わりに、家で子育てをすることに新たな意味を見出したのである。それでも、子どもを学校に迎えにいく時など、もうひとつの人生のことを思い、法廷で小槌を叩いて「静粛に！」と呼びかけている自分の姿を想像したりする。

成就しなかった機会や目標への憧れを持ち、それらが成功した状態を夢想することは珍しくない。これは心理学で「ゼーンズフト（憧憬）」と呼ぶ心理状態で、望みが達成できなかった心の傷を癒す薬として重要だ。国際的規模で行われたある研究では、ゼーンズフトを持つ調査参加者たちの多くが夢想を受け入れ、それを心地よいと感じていた。ただアメリカ人だけが例外であり、その点は注目すべきである。アメリカ人はヨーロッパ人に比べ、夢は達成可能だと考える傾向が強く、夢を幻想と捉えることに抵抗を示す。それがネガティブな考え方に思えるからだろう。しかし、夢想は貴重なリソースになりうる。

現在メラニーの子どもたちは成長し、彼女がロースクールに戻ることも可能である。しかし彼女は、裁判官になりたいという切実な思いをあまり感じなくなっていた。ひとつには夢想によって、気持ちの上での満足をすでに味わっていたからだ。ホールネスを備えた人たちは、このゼーンズフトもよく使う。夢想することで、めざしていた道から脱落したという感情を和らげたり、(理にかなう時は)諦めたことはよい選択だったと考えたりして、失望感に対処できる。

## 本書のアプローチ

我々著者も、心の痛みの辛さを知っている。だから決して皆さんに、目標を達成できなかったことや恋人が浮気したことなどで、胸が張りさけるような思いを味わってもらいたいと思っているわけではない。冷たい水に顔をつけて息を止めて我慢しろと言っているのでもない。ただ、いま現在のいい気分だけを求め、不快な気分を避けることは、よい人生を送るための最良の方法ではないと言いたいのである。

だからこそ本書では、ポジティブ感情の利点にばかり頼る代わりに、「ホールネス」という考え方を提唱したい。**ホールネスを持つ人の主な特徴は、人生に起こるさまざまな出来事に対**

**処する優れたスキルを持っていることだ。**心理学ではこれを「情動の敏捷性」「社会的敏捷性」「精神的敏捷性」と呼ぶ。何かが起きた時、自分の態度を（ネガティブなものもポジティブなものも含め）直面している試練に適応させ、与えられた状況の中で最善の結果を得る能力である。こういう人たちは、人格の明るい面と暗い面の両方を引き出して使うことができる。つまり真面目さと不真面目さ、情熱と冷静さ、外交性と内向性、利他的と利己的などほぼすべての特性を利用できる。ホールネスを持つ人は親切であっても、自分の時間やエネルギーを使う相手に関しては、きちんと選り好みする。また彼らは、世間が価値を認めないものも切り捨てないので、それによる恩恵を受けられる。このあとは3つの敏捷性について、1つずつ具体的に説明していこう。それによって「ホールネス」の広さ、美しさ、利点を理解してもらえると思う。

## 情動の敏捷性

ホールネスを得る上で大事なことは、ネガティブ感情を避けることではなく、それをネガティブと考えないことである。このやり方は優れた心理療法のテクニックにも見られる。フランクリン・W・オーリン・カレッジ・オブ・エンジニアリングの心理学者ジョナサン・アドラーと、ニューヨーク大学のハル・ハーシュフィールドの研究を見てみよう。一般には、心理療法は人々の悩み（うつなど）を取り除き、ポジティビティを高める方法を使えばうまく行くと考えられている。彼らはその通説が本当に正しいのかを確かめるため、不安、うつ、初めての子育てのストレスなどに悩んでセラピーを受けた成人患者47人について詳しく調べた。問題が解決し、生活の質が改善し、患者が自分自身を心から受け入れられるようになるのに、彼らの心にどういう変化が起きるかを知ることが目的である。

その結果は意外なもので、2人の研究者と同様に、皆さんもたぶん驚くに違いない。患者たちは単にネガティブ感情が減りポジティブ感情が増えて、その結果幸せになったのではなかった。セラピーの効果が出始めた時というのは、仕事や人間関係に関する幸福感と悲しみの入り交じった感情を、患者自身が冷静に受け止められるようになった時だった。何度かセラピーを受けたあとに1人の患者の話したことを見てみよう。

この2週間はとても辛い気持ちでした。妻は妊娠9週目だったのですが、経過も順調だと言われて夫婦で喜び合ったのもつかのま、流産してしまったのです。私は失業中で、仕事がなかなか見つかりません。おまけに妻の祖母が余命わずかなので妻のことを思うと悲しくなります。不幸はもうたくさんだという気分です。それでも私は、それなりに自信もあり、幸せも感じています。気持ちは確かに沈んでいますが、妻といい関係にあるなど、恵まれた点に感謝もしています。

ここで大事なポイントは、この患者のように自分の人生にポジティブとネガティブの両方の感情を持てる人は、そのあと順調に気分が回復していくということだ。そうでない人の場合はうまくいかなかった。ポジティブ感情だけでは、情動の敏捷性を高めることができない。最大の優位性をもたらすものは幸福感よりもむしろ、よいことも悪いことも受け止める大きな受容力、つまり「ホールネス」だということを、この研究結果が示している。

## 社会的敏捷性

人間は霊長類であり、従って社会的動物である。遠い親戚のチンパンジーと同様、私たちの脳も、他者との交流のために高度に発達している。たとえば人間は、相手の顔に表れる微妙な表情を一瞬のうちに読み取れる。こんなことは犬や豚や鷹には真似できない。また人は高度に発達した言語中枢を備え、意図や要望など多くの複雑な情報を表現できる。人間はあまりに社会的なため、相互依存を通してしか生きられないということを、研究者たちもしばしば述べている。カリフォルニア大学バークレー校の心理学者ダッカー・ケルトナーは、他者に対する寛大さ、親切なもてなし、善意などは、人類に本来備わっている特質であるという。自分勝手、嘘つき、強欲など、人間が持つ悪徳の例もいくつもあるが、皆さんもたぶん、人間は非常にいい行いができると思っているだろう。子どもにも、人に親切にすることが何より大事だと教えると思う。

親切にすることで得られる恩恵は数えきれないほどある。親切な人はそうでない人と比べて、より長生きし、収入も多く、よき市民でもある。温かく親密な人間関係を築けるので、子ども時代に不遇だったとしてもその傷はほとんど癒される。しかし現実を見れば、人間社会には不快な事実が数多くあり、それを避けては通れない。恋愛でも仕事でも遊びでも、もちろん人には親切にすべきだが、ある程度は選択をしなければならない。自分の時間や気持ちを、誰にでも無制限に与えるわけにはいかない。時間もエネルギーも限られた資源なので、賢く使う必要がある。

従って状況によっては、親切とは逆の態度を取らねばならないこともある。親、スポーツ選手、兵士、教師、起業家などの立場にある場合は、むしろためらうことなく厳しい面を出せる人が有利である。本当は、ちょっと納得しにくいかもしれないが、立場にかかわらず誰でもそうできる方がいい。どれほどよい親でも、子どものためばかり考えていられない時もある。ほかの仕事と同様、親業にも休憩時間が必要である。親が自分を大事にしないと、思わぬ形で子どもが無用のつけを払うことになる。

「いったい何の話をしているんだ！」と本を放り出すのはちょっと待ってほしい。心理学界の異端児をひとり紹介しよう。イェール大学の社会心理学者エスター・キムである。キムは少々変わった学者で、研究室にこもる代わりに世の中に飛び出しては調査を行う。見知らぬ人同士がどのように互いに接するかを観察するために、何千キロも公共バスに乗ったりする。特に彼女の関心を引いたのは、次のようなことだ。人はバスの中で隣の席が空いていることを好む。

そして、あとから乗ってきた人を隣に座らせないようにさまざまな行動を取る。

皆さんもバスや電車や飛行機で、あとから乗って来た客が通路を歩いてくると「隣に来るな、来るな……」と心の中でつぶやいていたという経験があるのではないだろうか。キムは、隣に見知らぬ人を座らせないために人々が行う、素晴らしくクリエイティブな方法の数々を観察した。わざと通路側に座り、ヘッドホンをつけ、「お隣、空いてます?」と聞かれても聞こえないふりをする、空いている席に荷物を置く。できるだけしかめ面をする。両方の席をまたいで座り、寝たふりをする。ほかにもまだまだある。これらの乗客は、決して嫌な人間というわけではない。単に人間なのである。自分の身の安全を考え、知らない人と言葉を交わすのはおっくうだと感じ、できれば自分の長旅が楽なものであってほしいと思っているだけだ。キムの研究は、私たちは誰でも時に応じて「人には親切に」という社会規範から逸脱するものだということを、示している。

「社会的敏捷性」というのは、移り変わる状況を認識し、それぞれの場で求められていることに自分の行動を適応させる能力のことである。社会的に敏捷な人は、行動的で、選択能力があり、自分の置かれた状況に影響力を及ぼすことができる。状況によって、人に優しいことも、罪のない嘘をつくことも、相手に圧力をかけることもある。また有名人の名前を出したり、相手にへつらったり、お世辞を言ったり、助力を申し出たりすることもある。配偶者や恋人を感心させるために、少し前に冷蔵庫を掃除したことをさりげなく伝えたりもする。社会的に敏捷な人たちは、決してマキャベリ的というわけではない。単に「よき人間であれ」という規範よりも、もう少し包括的で柔軟な社会規範に従って行動するのである。興味深いのは、人がルールを破るケースの多くが、自分が得をするためでなく、相手を喜ばせたり、関係を深めたり、大事な目標を達成するためだったりすることだ。

## 精神的敏捷性

「マインドフルネス」という心理学の概念が今、非常に注目を集めている。これは仏教の修業に端を発したもので、精神修養の方法として、女優のスカーレット・ヨハンソン級の人気を博している。マインドフルな人というのは、今この瞬間の行動に集中し、そこで起きていることを「静かに観察して」、判断を加えない。マインドフルでない人たちに比べてより注意深く、日々を感謝と共に味わうことができるとされている。米国の本屋に行ってみれば、ひとつの棚全部がマインドフルネスに関する本に使われている。「マインドフルな食事」「マインドフルな子育て」「マインドフルなリーダーシップ」から、「マインドフルなポーカー」というものまである。

マインドフルの専門家たちは、人はこの非常に知覚の高まった状況で最適に機能できるとして、そういう状態に留まるのが理想と考えているようだ。これに反論した本はこれまでにないが、本書の主題は思い込みを壊すことなので言ってしまおう。マインドフルな状態に留まり続けるということなどできるはずがない。歯を磨く時でも、子どもを学校に送る際に車の自動操縦機能を使う時でも、脳がショートカットの配線を使って、他のもっと意味ある面白いことにエネルギーを使えるようにしてくれるのは、実にありがたいことである。意識的な努力をしなくても自動的に情報を処理してくれる意識下のシステムは、私たちにとって欠かせない。

心理学の中でもっとも興味深い分野のひとつは、意識下にあるちょっとしたシグナルに、私たちがどれほど影響されやすいかという研究である。たとえばこんな研究がある。オランダの心理学者アプ・ディクステルホイスは、学生たちに作文を書かせ、ランダムに選んだ一部の学生には、「教授になるというのはどんな感じか」というテーマを与えた。そのあとで雑学的知識を問うテストを行ったところ、教授になった気分を味わった学生たちは60パーセント正解したが、味わわなかった学生は50パーセントの正解率だったという。

無意識の心に働きかけると、人の行動が実際に変わることがある。それによって、特に努力も必要とせず、多くの場合はいい方に変化させられる。たとえばこんな研究がある。実験参加者の一部のグループに、それとは知らせずに洗剤の匂いを嗅がせる(研究室の隅に置かれたバケツの中に、外から見えないように洗剤を入れておく)。参加者たちはその後ボロボロと砕けやすいクッキーを食べるように指示されるのだが、洗剤の匂いを嗅いだグループは、そうでないグループよりも、クッキーのかけらを散らかさないように気をつけて食べ、さらに、散らかったかけらを自分でふき取ったという。また無意識の脳は、複雑な情報を処理する時にも働く。よく「問題を一晩寝かせる」といいと言うが、意識的な努力によって無理やりに決断を下すよりも、意識がそらされた方が、つまりマインドフルでない方が、最終的によい決断ができる。

マインドフルネスの「今ここにいる」という心理状態には、確かに有益な点がある。しかしそれだけが望ましい心理状態だと考えるのは誤りだと思う。自分の持っているものすべて、つまり「ホールネス」を引き出して活かすには、状況の求めに応じて、マインドフルとマインドレスの間を自由に行き来できなければならない。そうすれば、精神のエネルギーを無駄にすることなく、もっとも重要だと思う問題に集中することができる。

# 第2章

# 快適な生活がもたらしたもの

社会学者にとってグーグルは、単なる検索エンジン以上の働きをする。いろいろな意味で社会の体温計のようなもので、これを使って社会全体の傾向や流行を追跡して記録することができる。試しに「不快」と「快適」という言葉のイメージを簡単に調べてみよう。「不快」と打ち込むと、眉根を寄せた人、こめかみをもんでいる人、痛む関節を撫でている人、胃の辺りを両手で抱えている人などの映像が出てくる。一方「快適」と打ち込めば、ふかふかのベッド、豪華な肘掛け椅子、ぜいたくな飛行機内などが現れる。これからわかることは明らかだ。「不快」というのは内的なもので、個人が感じる主観的状況であるのに対し、それを和らげる「快適さ」は外的なもので、人間を取り巻く物質的世界にあると考えられているということだ。

本書は主に、不快を「心の内にある抑えがたい嫌な感覚」と捉えるこの一般的な見方について論じていきたいと思っている。「ホールネス（全体性）」は、情動的、社会的、認知的なあらゆる心理状態を受け入れて活用する能力だが、不快さを嫌がる今の社会の傾向は、人の経験の幅を狭めることにつながる。不快であっても有益な心理状態まで避けていては、自分の可能性を十分に引き出せない。

興味深いことに、この不快さを遠ざけようとする傾向は、主に欧米人、特にアメリカ人によく見られる。アメリカ人の特徴はそれだけでなく、クリエイティブで、自信に満ち、よく働き、そしてよく言われるように救いがたく陽気である。そして何よりも特徴的なのは、暮らしが快適だということだ。もちろん悲惨な貧困も、驚くほどの経済格差もあるが、この国には規律があり、便利で、住むには快適だ。交差点の信号はちゃんと機能するし、映画館は冷暖房完備。どこのうちにも風呂があり、誰もがシャンプーを使え、マットレスは好みの大きさと材質と硬さのものを選べる。

世界がだんだん豊かになるにしたがい、アメリカだけでなく他の国々でも同様の快適さが広まりつつある。アメリカ社会に似てきている社会としてすぐに思い浮かぶのは、オーストラリア、カナダ、英国などだ。快適さに関しても、まったく同じではないにしろ、アメリカと同様の傾向を示すようになるだろう。逆に、文化的に離れた国——たとえばジンバブエ、中国、パキスタンなど——では、快適でない状態を人々は当たり前に受け入れている。だが経済的に発展途上の多くの国々においても、台頭する中流階級を特徴づけるものは収入だけでなく、人々の生活の快適さである。

アメリカ人が、実際にどのくらい快適さやポジティブ思考に傾倒しているかを示す研究結果がある。さて、皆さんならこんな質問にどう答えるだろう。

「イエス・キリストは幸せだったか」

この質問を実際に使って調査を行ったのは、ヴァージニア大学の心理学者大石繁宏とその共同研究者たちだ。彼らはその問いの答えが知りたかったわけではない。参加者たちの回答にどんな傾向が見られるかを探ろうとしたのである。イエス・キリストという人間はひとりしか存在しないし、その生涯のストーリーは聖書に書かれているので普遍的である。従って「キリストが幸せかどうか」について何らかの大きな違いが出るとすれば、回答する人たちの文化的な偏りが「ロールシャッハテスト」のように現れるだろうと研究者たちは考えた。その前提を確かめるために、彼らはアメリカ人と韓国人の参加者数十人に、キリストについて自由に記述してもらった（アメリカと韓国は、クリスチャンの割合がどちらも60パーセントほどで、ほぼ同じである）。

その結果、アメリカ人は韓国人に比べ、多くの人がキリストは幸せだったと答えた。そして非常に多くの人が、キリストは外交的でオープンで感じのいい人物だったと書いた。興味深かったのは、韓国人の方がはるかに多く、キリストの辛苦に言及したことだ。キリストの苦痛、犠牲、十字架での処刑、流血について書いた人は、アメリカ人の5倍にのぼった。そもそもキリストの物語は迫害と処刑が中心であるにもかかわらず、アメリカ人たちは、そのことよりも、キリストの崇高さや親切心や善人ぶりについてはるかに多く語ったのである。

『浪費するアメリカ人——なぜ要らないものまで欲しがるか』の著者、ジュリエット・ショアによれば、現代の人々が憧れるのは、豪華な休暇、立派な家、生活の快適さだという。彼女はその本の中で、コネチカット大学が長期にわたって行った研究を引用している。参加者に基本的な品をいくつか示し、どれが「生活の必需品」だと思うかを尋ねたものだ。1970年代に車のエアコンを必需品だと答えた人は13パーセントしかいなかった。また家のエアコンを必需品と答えた人は25パーセントだった。しかし1990年代半ばになると、人々の意識は変わり、衣食住の快適さを必須と考えるようになる。車のエアコンは41パーセント、家のエアコンは50パーセントの人々が必須と答えた。

このようにエアコンへの欲求が急に高まったことは、マズローの欲求の五段階説のことを考えるととりわけ興味深い。1954年、マズローは、人はまず食事や住む場所など、基本的なニーズを満たしてから、社会的なニーズを求めるようになり、それが満足されて初めて尊厳や自己実現に関心が向くと説明した。しかし多くの人が勘違いをするのは、マズローがこのピラミッドで、「よい生活」の作り方を示していると思ってしまうことである。マズローが示しているのは、人間のモチベーションの基本的な働き方にすぎない。

現代人がこれほど快適中毒になっているとすれば、「基本的なニーズ」という時の「基本的」という言葉が、果たして実際に何を意味しているのかが疑問に思えてくる。きれいな水が手に入ることが、生きる上での基本的ニーズであることはすぐわかる。体温調整、つまり外気温に対応して体を暖かくしたり涼しくしたりすることも、理論的には基本的ニーズだろう。低体温症で命が脅かされたりすることのないように、暖かい乾いた服が必要なのは当然だ。しかし、そもそも自動車自体が必要以上のぜいたくであることを考えると、車のエアコンを基本的ニーズとは呼びにくい。

こうして人々の快適さに対する欲望が高まり続ければ、すぐに車のエアコンだけでは満足できなくなるだろう。やがて座席ヒーターや、乗る人それぞれに個別の冷暖房などが欲しくなる。いや最新の車は、それらがすでに標準装備になりつつある！　車のモニター画面を必需品だと考える人たちが現在どのくらいいるか、調べたら面白いだろう。

この第2章で我々が伝えたいことはこういうことだ。**快適さへの欲望が満たされれば満たされるほど、私たちの経験の幅は狭まり、人生の困難を切り抜ける練習の機会を失う。**それは次のような経過をたどる。

1 物質的な快適さや便利さが生み出される
2 外部のモノを使って楽に生活したいという欲求を持つようになる
3 快適でない状況や不便な状況に対する心の免疫力が低下する

ここで正しく理解してほしいのは、物質的な快適さが、環境に順応したり困難に対処したりする心理的適応力を損なうということだ。エアコンをつけて感じる快適さがやがて心理的なものに置き換えられ、怒り、自信のなさ、諦め、不安定さ、退屈などの内面の不快感もまた、あってはならない耐えがたいものであるかのように思えてくる。これがアメリカ人特有の「快適中毒」の症状である。こうなると集団は個々に分裂していき、人々は広範囲の心理的充足感を味わうことができなくなる。

祖父母の時代には、少々の砂埃《すなぼこり》も日差しも雨も耐え忍ぶことができたのに、今の私たちはそれがなかなかできない。保健福祉省の統計によれば、アメリカの子どもたちの食物アレルギーの割合は、1997年から2011年の間に40パーセント以上増加したという。皮膚に現れるアレルギー症状は、同時期およそ70パーセントの増加である。また、現在ぜんそく症状を持つ子どもは全体の17パーセントだが、興味深いのはその割合がもっとも高いのが、貧困ラインの2倍もの所得がある世帯の子どもたちである。ひとつの理由として挙げられるのは、いわゆる「衛生仮説」で、中流階級の生活があまりに清潔になったため、病原菌に接触して抵抗力を身につける機会が少なくなったからだと考えられている。

私たちにいったい何が起きたのだろう。アメリカ社会と、（それほどではないにしろ）欧米の文化背景を共有する国の社会は、どうしてこれほど変わってしまったのか。洞穴に住んでいた私たちの祖先が、かろうじて日々の暮らしを立てていた頃から、TVコマーシャルも、渋滞による5分の遅れも耐えがたいものに感じる現代との間に、いったい何が起きたのだろう。いつから私たちは不快さに対する抵抗力を失ってしまったのか。

## 快適中毒はどのように始まったか

1930年、心理学史上もっとも名高い研究者ジークムント・フロイトが、快感の誘惑がもたらす危険について書いている。「それは、警戒心より喜びの方を優先させることであり、人はやがてそのつけを払うことになる」。フロイトが危ぶんでいたのは、上等のまくらや爽やかな夕風を楽しむことではなく、快楽が行動の主たる動機づけになることだった。彼は快適さそのものよりも、それを追い求める心理が、利己的な判断を生み、ひいては社会に好ましくない状況をもたらすということを本能的に理解していたのである。

ドイツの哲学者ヘーゲルはさらに批判的だ。「英国人が『快適さ』と呼ぶものは、いくら手に入れてもきりのないものだ」と書いている。そして「さらなる快適さへの欲求は、直接自分の心から生じるのではない。それを生み出して金儲けをしようとする人間が提案するのである」と結論づけている。ヘーゲルもフロイト同様に、生み出される快適さ自体でなく、それを「なくてはならないと感じること」について警告しているというのは、注目に値する。ヘーゲルは、人が快適さを求める気持ちは実体のないものだと述べている。今の時代で言えば、大手の広告会社が創り上げるものだ。こういう渇望はコーヒー中毒と同じで、当人は何とも思っていなくても、実は不自然で不健全だとヘーゲルは説く。

工業化がさらに進んだ現代、これまでに例がないほどの快適さと便利さが社会にもたらされた。心理学者のロバート・レヴィたちは、「生活のペース」に関する研究を行い、GDP（国内総生産）と生活ペースの速さには相関関係があることを実証した。彼らは人々の歩く速度、郵便局の職員が基本的な作業をする速度、公共の場にある時計の正確さなどを調べ、社会の相対的な生活ペースを推定した。その結果、国が豊かになるほど生活ペースが速くなるだけでなく、生活ペースが速くなることがエネルギー消費の大きさにも結びついているということが明らかになった。

エネルギーを使う自動車、台所の家電製品、給湯器などはすべて、便利さと快適さを生むためのものだ。そして、ここに落とし穴がある。生活ペースが速くなると、仕事の達成率が低下し、貯蓄が減る。何もかもが便利になれば、人は自制心を働かせるというような面倒なことはしなくなるからだ。現代社会のフラストレーションの多さを見ればわかる。すべてがテキパキと行われる社会では、列に並んで順番を待つことも、渋滞でなかなか進めないことも耐えがたく感じる。別の言い方をすれば、**生活が快適になればなるほど、不都合だと思える出来事に対して、こらえ性がなくなる**のである。

この本では、主に心理的な快適さについて述べるが、ここでもう少し、基本的な「身体的快適さ」と複雑な「心理的快適さ」の間に直接的な関係があることをお話ししたい。人は誰も身体的存在であることから逃れられない。言ってみれば、私たちの身体は、世の中の出来事と自分自身という存在の間にある「膜」のようなものだ。身体は（時には文字通りに）サーモスタットのように働き、私たちはそれによって外界の快・不快を経験する。研究者によれば、人はそれぞれ一定の範囲において、環境の中の匂い、騒音、温度などに順応できるという。だから、8月の熱気の中に足を踏み出すまで、それまでいたオフィスがどれほど涼しかったかに気がつかない。身体的な快適さを求めるのは人間の自然な欲求で、環境に順応する能力はそのために備わっている。

意外に思うかもしれないが、嫌悪感も、身体的感覚と心理的感覚が時に深く関わることを示すよい例である。人は嫌悪感を備えているおかげで、腐った食品など有毒かもしれないものを避けることができる。研究者たちは、人々の嫌悪感がどのくらい敏感かを、実にクリエイティブな方法を駆使して測る。参加者たちに、トイレットペーパーを使って鼻をかんでもらったり、アップルジュースをおまるから飲んでもらったり、切断された豚の頭にどれくらい近寄れるかを観察したりする。嫌悪感にはもっと心理的なものもあり、それは「道徳的嫌悪」と呼ばれる。たとえば、人は殺人犯が使用したベッドに対して、嘔吐物に対するのと同じ程度の嫌悪感を示すという。ヒトラーが着ていたというセーターを着ることに対しては、犬の糞の形に作られたチョコレートを食べるのと同じくらいの嫌悪感を示すそうだ。この研究の結果わかったことは、人が嫌悪の対象にどれくらい敏感に反応するかは、特に自然界のものに関しては、その人の快適さに対する感覚と直接関係があるということだ。

研究者ロバート・ピクスラーとマイロン・フロイドは、「人々の快適さの範囲は近年狭まってきている」という興味深い仮説を立てて調査を行った。何百人もの中学生に、自然についてどう感じるかを尋ねた結果、自然に対して恐怖や嫌悪感を持っている生徒は、室内で友人と遊ぶことを好む傾向があることがわかった。大人が無理に戸外へ行かせても、彼らは手入れされた公園の歩道を歩きたがる。さらに中学生たちに、テキサスの西部開拓民になったつもりで1週間キャンプをするとしたら、都会の快適さをどのくらい恋しいと思うかを質問した。「なくても気にならない」を0、「それがなければ生きていけない」を4として、点数を集計したところ、風呂やシャワーは平均が3、水洗トイレが2・63、お湯が出る蛇口が2・69、エアコンが2・66だった。質問項目はもちろん、当時の開拓民たちがなくても平気で暮らしていたものばかりだ。私たちは幌馬車で大陸を横断した時代から、安楽椅子に座ってプレイステーションで遊ぶ現代までの間に、着実に軟弱になってきた。今私たちが「快適」と呼ぶ範囲はどんどん狭まってきているのである。

「子どもたちの快適さに対する姿勢」を探るこの研究の発表が、1997年だというのは注目に値する。1990年代が「快適中毒」が本格的に始まった時代だったからだ。「もっとも偉大な世代の人々」（恐慌の時代に育ち第二次世界大戦を経験した世代）が少々の困難など平気で乗り越えていたことには疑問の余地がない。戦後は、経済が回復したとはいえ、1950年代、1960年代、1970年代までは主に民権運動の時代で、ヒッピーたちが体制に反発し、ベトナム戦争が社会の対立を深めるばかりだった。その後1980年にロナルド・レーガンが大統領に選出されると、社会や経済の状況は次第に落ち着いていった。1990年にビル・クリントンがあとを継いだ頃が絶頂だったといえる。快適さを求める階層が急激に増えたのが、ちょうどこの時期である。「コンフォート・フード（食べるとホッとして元気になる食品）」などという言葉も現れ、「基本的ニーズ」に対する意識が変わってきたことが明らかだ。

それから何十年かが過ぎ、「アラブの春」が起き、イラクやアフガニスタンにおける紛争が続き、今では1990年代がどれほど恵まれた特別な時代だったかを思い出すのも難しいほどだ。だが、1960年代の社会運動、1970年代のガソリン不足や人質事件などを経験した世代にとって、1980年代以降、特に1990年代は確かに独特の時代だった。世の中がよい方に動いているという実感があった。それまで何十年間も制度化された不正が支配していた南アフリカでも、アパルトヘイトが崩れ去った。また、アメリカにとって世界で唯一の強敵だったソ連が崩壊し、長く続いてきた冷戦が突然終結した。アメリカの軍事力は、イラクのサダム・フセインの軍事力をものの数週間で叩きのめしたことでも明らかだった。株式市場は天井知らずの活況を呈していた。インターネットが創造性と金融のグローバルな動力になった。この時代、生活のあらゆる面に、人類が史上初めて経験する快適さが出現したのである。

政治経済の波が高まりを見せるにつれ、快適さに対する期待も高まった。幸福はもはやめざすゴールというよりは、健全な精神に欠かせないものと考えられるようになった。前述の「キリストは幸せだったか」の研究をした大石たちは、グーグルを使って、1800年から2008年の間にアメリカで出版された本の中に、「幸せな人（happy person）」という言葉がどれだけ出てくるかを調べた。想像がつくように、1800年代と1900年代初めまで、著者たちはこの言葉をまったく使わなかった。それから、「狂騒の20年代」になると、多くの本が「幸せな人」を取り上げるようになり、1990年には一気にそれが盛り上がる。本屋に行けば、幸せな人という言葉が含まれている本をつい買ってしまう。それ以来この言葉の使用は、ピーク時からほとんど減っていない。1990年から2008年までにこの言葉が使われた回数は、それまでの50年間の総計に匹敵する。社会通念が変化したのは明らかだ。

アメリカで「尊厳死法」が初めて制定されたのも、1990年代の初めである。この法律が認めるのは本質的に、身体的不快感があまりに耐えがたいか、また尊厳が保てない状態(一種の心理的不快感)の人々のための「計画的な死」である。これについて、意見は人それぞれだと思うが、この法律が成立したということは、社会が人の基本的ニーズを満たす段階をはるかに超えて、人がいつどのように死ぬかを決めるところまで来たことを示している。

また、この1990年代初めには、「コンフォート・ゾーン(快適な領域)」という言葉が登場する。慣れていて安心できる経験の範囲のことで、ビジネス界で使われた。当初のビジネス書のひとつは、マネジャーに部下をコンフォート・ゾーンから押し出すべきであるとアドバイスしている。

「快適化」の総仕上げは、1960年代にアメリカ航空宇宙局(NASA)の科学者たちによって行われた。彼らは、宇宙飛行士の打ち上げ時と宇宙滞在時の不快感を緩和する低反発ウレタンを開発したのである。快適関連グッズの発明としてはこれに並ぶものはないだろう。このウレタンは当初、一般市場には出なかったが、1991年頃になると、企業のマーケティング担当者たちが、この時代の消費者なら法外な代金を払ってでも究極の快適ベッドを手に入れようとするだろうと確信した。そしてこの形状記憶フォームを、体にフィットするもっとも快適なマットレスと枕だとして売り出した。人々は、それまでのスプリングコイルのベッドや、ウォーターベッドなどでは飽き足らず、体の隅々まで休ませてくれる快適なベッドを手に入れた。20万年にもわたる人類の睡眠の歴史の最後に、人間は自分にふさわしい（と思っている）寝床で眠れることになった。

だが、こうして生活が快適になる一方で、人々の心の健康状態が低下してきていることに、研究者たちは注目している。特に不安心理が高まってきているようだ。大学の保健室に心の問題で相談に来る学生たちは、それまでうつや人間関係の悩みを訴えることが多かったのだが、1996年を境に、不安を訴えるケースがそれを上回るようになった。その傾向は今日まで続いている。

また、1990年代というのは、アメリカの路上での攻撃的行為が著しく増加した時期でもある。AAA（アメリカ自動車協会）交通安全財団の統計によると、路上の暴力行為は、1990年の1129件から1995年の1708件と、50パーセントも増加した。渋滞で前に進めないイライラや、割り込みされた不快さに対するアメリカ人の耐性は低下してきている。1990年代には、1万件以上の路上の暴力事件が起き、200人以上が死亡し、1万2000人の負傷者が出た。1990年代、暮らしがあまりによくなったため、人々は自分の思い通りに行かない時に、どうしていいかわからなくなったのである。

特に重要な点は、1990年代中頃に、心理的快適さに関係する言葉で、悪い予兆を感じさせる心理学用語が使われるようになったことだ。人々は快適な眠りを手にし、便利な生活を楽しみ、ますます幸せになることを期待するうちに、試練や困難の少ない生活に慣れてきてしまっていた。そこで出てきたのが「経験の回避」という心理学用語で、これは好ましくない考え方や感情を抑圧しようとすることである。それらから逃げる努力ばかりしていると、現実の人生を受け止めて生きるエネルギーが残らない。**人々は今、これまでになく豊かな選択肢と自由と個の力を手に入れたため、いろいろなことが避けられるようになり、特に好ましくない感情を避けるようになった。**不確定さ、自信のなさ、退屈、その他のネガティブ感情がますます不快に感じられるようになり、それは社会の大きな変化につながっていく。不快な感情から逃れるもっとも一般的な方法は、たとえばテレビを見ることである。テレビはもちろん見ていて楽しいが、見ている間は現実生活の心配事から逃避できるという側面も持つ。1950年代から1970年代の間、1世帯のテレビ平均視聴時間は1日当たり5時間から6時間といったところだったが、1980年代から1990年代にかけて7時間半に増えた。

## 自分の中にある感情をどうやって避けるのか

心の病を診断・治療する専門家が使う基本的な資料が、一般にDSMと呼ばれる「精神疾患の診断と統計マニュアル」である。1980年当時、DSMはすでに494ページの大著で、265もの精神障害が網羅されていた。しかし1994年になると、それが倍に膨れ上がって886ページの巨大な書物となり、障害の数はさらに32も増えた。精神科の専門家たちは、ひどく悲しかったり、不安だったり、頻繁にあるいは激しく怒りを覚えたり、難しい悩みを抱えていたりすることを、何らかの病気の症状だと考えていたようだ。もちろんDSMには、統合失調症のように、病気として認識されるべき疾患も数多く掲載されている。しかし気持ちが晴れない日が2週間以上続いて、仕事や人間関係に差しさわりが生じている程度のことを、治療が必要な症状としていることには、賛成しかねる。こういう医学界の考え方は一般社会に伝わり、人々は辛い気持ちを感じるのは悪いことで、医者にかかれば治してもらえるのだと思うようになった。しかし自分の心の中にある感情を避けることなどできるだろうか。

アルバート・エリスは、認知行動療法（CBT）の創始者である。全米心理学協会のリーダーから「20世紀において2番目に偉大な心理学者（1番がカール・ロジャーズで、3番がジークムント・フロイト）」と称えられた。エリスは、人々の苦悩と破壊的行動を増大させている直接の原因は、3つの「不健全な思い込み」だと論じた。

1　成功して称賛を得なければ、周囲に受け入れてもらえない
2　人間は「正しいこと」をするべきで、そうでなければダメな人間だ
3　人生は安楽であるべきで、不快さや不便さはあってはならない

1950年代から1960年代には、エリスのような考え方は画期的なものだった。それま

では、心の問題の原因を子ども時代の未解決の葛藤やトラウマなどに求めるやり方が主流だったからだ。しかしエリスは、心の問題は、人が自分自身、他者、世の中全般に対して持っている「思い込み」が生み出していると主張した。彼はそのことを明快に説明しただけでなく、それを和らげるための心理療法も考案した。カウンセラーの援助によって、患者が自分自身を悩ませているゆがんだ信念を突き止めてそれに反駁《はんばく》するという方法だ。この方法は非常に効果的で、誰でも使うことができるため、それ以来何十年にもわたって心理療法の中心になっている。

1990年にはポジティブ心理学の生みの親であるマーティン・セリグマンが「学習性楽観主義」と名前を変えて打ち出したが、このエリスの考え方は、幸福感の妨げになる辛い感情を、どうすれば和らげられるかを示すものだ。辛さを和らげることの是非はともかく、これは現代人の「身体面の快適中毒」がその後に向かう自然な成り行きだっただろう。身体的な快適さが好みに合わない時に、合うまでそれを調整するのと同じように、その時の気分や過去の記憶のために幸福感が感じられない時は、それを調整して心理面の辛さを軽減しようとする。

その後30年ほど、こういう考え方に疑問を呈する人はほとんどなかった。しかし、1960年代に「人間性回復運動」や「東洋哲学」に傾倒したヒッピーの中に、大人になって心理学者になった人たちがいて、「受容とコミットメント療法（ACT）」として知られる新しい心理療法を打ち出した。5人の医師たち、スティーブン・ヘイズ、ケリー・ウィルソン、エリザベス・ギフォード、ヴィクトリア・フォレット、カーク・ストローサルは、次のような挑発的な疑問を呈した。

1　心理療法士の「何が正常で、何が正常でないか」を判断する基準が間違っていたらどうなるのだろうか？

2　相談者の思考、感情、態度の、強さとネガティブ度が、精神の健康を測る最良の指標なのだろうか？

3　それよりも、相談者がそういう思考、感情、態度によってどんな行動を取るかに注目したらどうだろうか？

5人の臨床心理学者たちは、心に傷を負った人が、身体が傷ついた人と似た行動を取るということに気づいていた。足首をねん挫した人はその足をできるだけ使わないようにする。心の傷の場合も同じである。友人や恋人に心を傷つけられた人は、人とあまり付き合わないようになる。激しい感情が湧き起こった時は、テレビを見たり、眠りに逃げたり、ビールに手を伸ばしたりする。

だが、**痛みを伴う思考、感情、感覚、記憶などを、紛らしたり避けたりするよりも、自分には「心の不快感に耐える能力」があると気づく方がずっといい。**雨の午後に散歩に出かける不快さに耐えられるのと同じことだ。そうしたいと思うかどうかは別として、間違いなく誰にもできる。落ち着いて想像してみれば、不愉快な思考も感情も、別に自分の敵ではない。それらと闘って打ちのめさねばと思う必要はない。不愉快な気分は、どこかで流れているラジオ音楽のようなものだと考えればいい。いつも流れているが、それにどれくらい注意を払うかは、自分が決めることだ。そう考えれば、どれほど自由に人生を楽しむことができるだろう。ＡＣＴの主な前提は、**辛い思考や感情は自分の内部にあって観察できるが、思考や感情は自分そのものではないということだ。**

これは大事なことなので、繰り返し説明させてほしい。心理的な経験は、人にどれだけ影響を与えたとしても、その人の人格そのものではない。人とその思考や感情が一体ではないなんて、おかしな奇抜な考え方のように思うかもしれないが、あなたの心の中に不愉快な思考とそれが引き起こした感情があるからといって、あなたという人間はそれだけではないということだ。認識しているその人自身、人格、魂――どう呼んでもいいのだが――はその人が持つ感情や思考とは別物だ。それらを観察できることがその証拠である。そこに気がつくと、辛い感情に耐えることははるかにやさしくなる。

エリスが主張したように、心の中に辛い思考や感情があることが問題なのではない。それらを避けようとすることから問題が生じる。特に不安症に関しては、問題になることはただひとつで、回避行動である。最新版のＤＳＭをめくってみると、社交不安障害、ＰＴＳＤ（心的外傷後ストレス障害）、パニック障害をはじめ、さまざまな不安障害が記載されている。それぞれ合理的な理由がある不安だが、すべてに共通する点がある。自分が周囲から嫌われていると思ったり、自分の性格的欠陥が表に出ることを怖れたりしていると、そういう不安から逃げたいと思う。しかし不安を回避しても気持ちが静まることはなく、逃げれば逃げるほどその不安は増幅されていく。

心理療法士がよく経験するのは、相談者に副次的な問題が起きることだ。たとえば、罪悪感に苦しむ人は、罪悪感を覚えずにいられないことに罪の意識を感じるようになる。また抑うつに悩む人は、それから抜け出せない自分に怒りを覚えるようになる。不安症に関しても同じことが言える。何らかの状況に対して不安を覚えると、また不安を感じるのではないかと恐れて不安が倍加する。不安に耐えられる強い心を養うことによって、この副次的な症状を除くことができたら、どれほど生きやすくなることだろう。

自分の心理状態に対してもっと強い姿勢で臨むという考え方は、きわめて重要だ。辛い気持ちに耐える力をつけることは、その人個人に役立つだけでなく、長い目で見れば社会全体にとって有益である。「快適中毒」は個人にとって有害なだけでなく、社会全体で次世代にその悪弊を残すことになるからだ。

## 快適中毒は、子どもたちにとって有害

現代の大人たちは、子どもに悪いことが起きるのではないかと常に心配している。肥満、い

じめ、ビデオゲーム、セクスティング（性的なメッセージや画像を携帯電話などで送ること）、薬物、妊娠、性病、暴力、落第、スケートボードなど、危険とされることはいくらでもあって、親たちを不安にさせる。その結果、子どもを守りたい一心で、今の親たちは昔よりはるかに過保護の傾向がある。１９８０年代初めには、車に「赤ちゃんが乗っています」というステッカーをこれ見よがしに貼り、他の車に安全運転を促すことまでするようになった。昔は「子どもたちはおとなしくそこにいればいい」という大人中心の世界だったが、今はそうではない。子どもたちは大人の関心の中心であり、親たちは子どもの安全と幸せを守るための私的治安部隊だ。

　特にここ30年ほど、親たちは子どもの安全のことでますます頭がいっぱいになってきている。ハロウィンに子どもたちが近所を回る時にも、親がついて行くのが普通になった。１９５０年代、１９６０年代、１９７０年代には見られなかった光景だ。親の育児行動を追跡調査している研究者たちによれば、子どもの遊びも親がおぜん立てし、その場所まで車で送り迎えするケースが増えたという。オーストラリアの研究者、トライン・フォテルとザイラ・トムセンは、子どもを学校に車で送る親が増えたのは、通学距離が長くなったことなどが原因なのかと考えて調査を行った。その結果、車で送ることにしたケースの55パーセントから60パーセントが、危険だからという理由だった。統計によれば子どもの自転車通学時の事故は減っているのだが、親たちは車道を子どもが自転車で通ることを怖れるようになった。ある母親は、交通事情が危険であることに不満を述べたあと、こんなことを言った。

初めから息子に車道での自転車の乗り方をちゃんと教えるべきでした。いつも親に送ってもらうって、友達にからかわれていたことを知って、子どもが嫌な思いをしていたことに気づいたんです。何とかしなくてはと、思い切って自転車で行かせてみたら、息子はとても上手に乗るようになりました。

子どもを取り巻く文化がどのように変わったかは、校庭を見るとよくわかる。ほんの20、30年前まで、遊具はみんな木製だった。親や学校側は、板が腐ることやトゲが子どもに刺さることを心配し、ジャングルジムなどを金属とプラスチック製のものに取り換えた。研究者のアニタ・バンディたちが最近行った、校庭の安全性についての研究を見てみよう。彼らは校庭に、大きな段ボール箱、プラスチックの樽、ほし草の塊、車のタイヤ、チューブなど、特に用途の決まっていないものをいくつか固定せずに置いて、子どもたちの遊ぶ様子や、監督する教師たちの様子を細かく観察した。その結果わかったことはふたつある。遊び方の決まっていない状況では、子どもたちの行動がはるかに活発になるということと、監督する教師たちの心配の度合いが増えることである。その一方で、教師たちの多くは、子どもたちがクリエイティブに遊ぶこと、皆で仲良く遊ぶこと、乱暴な行為が減ったことを絶賛していた。昔ながらの遊び道具にはこれほど明らかな利点があるのに、なぜ教師たちが心配するのかといえば、彼らは生徒が怪我をして、それを防げなかった責任を親から追及されることが心配なのである。

親たちは学校という場に非常に恐怖を感じているようだ。わが子がいじめられたり、自尊心を傷つけられたり、のけ者にされたり、学習面で落ちこぼれたりしてはいないかと、教室に押しかけていく。これは社会学者のキャサリン・ワーナーが「感情面の安全対策」と呼ぶ行為で、我々はこういう親たちを「ヘリコプター・ペアレント」と呼んでいる。興味深いのは、このように子どもの世界に介入する親が中流階級に多いことだ。いわば、もっとも快適な生活を送っている親たちである。ワーナーはこれらの親の傾向を分析してこう結論づけた。子を思う親たちは、子どもに関してふたつの相反する願いを持っている。わが子には、知的な試練を受けて成長してほしいと思う一方、幸せで、人から愛され、理解され、精神面で快適であってほしいと願う。**親は皆、試練やフラストレーションや失敗が子どもの「知的成長」を促すと信じているのだが、それらが「心の成長」にとっても有益であることがわからないようだ。**

ワーナーの研究に参加した小学1年生の親の1人が、この「快適をめざす姿勢」をよく表すコメントをしている。

> 娘には、安心できる環境で、心を傷つけられることなく、自信を深めていってほしいんです。そのことが一番気にかかります。娘が大事に育まれ、同時に適切な試練を与えられることを望みます。

皆さんが30歳以上だとしたら、子どもの頃に、自分の親が保護者会でこんなことを言うことはありえなかっただろう。おそらく教師と顔を合わせるなり、「うちの子、ちゃんと勉強してますか?」と聞いたに違いない。昔の親は厳しかったということではないし、現代になってようやく大人が子どもの幸せを考えるようになったということでもない。今の親たちが、かなり思い違いをしているということだ。これは、いろいろな面で非常に危うい。次に示すのは、小学1年生を担当する教師の話である。同じワーナーの研究に参加した教師で、親たちからの評判も大変いい。

親たちはしょっちゅう「うちの子、学校を怖がって行きたがらないんです」と言います。でも実際には、その子は学校に来ているし、問題なくやっています。怖がっているのは子どもより親の方じゃないでしょうか。でもやがて子どもも、そういう親の気分を取り込むようになります。

この言葉がすべてを語っている。人は世の中が危険なところだと考えがちだ。本物の危険も確かに身の回りにはあるが、私たちはその脅威を拡大解釈してしまう。子育てに関しても、あまりに無菌状態を心掛ければ、その子は、10代になり大人になってから遭遇する逆境に立ち向かう強さを身につけられない。「試練に出会うことで得られるさまざまな利益」を、今の親たちは理解していない。といっても親である皆さんを責めているわけではない。我々著者もまた現代の親で同様である。親は、知的な試練が教育上不可欠だということは容易にわかるのだが、社会的あるいは感情面での試練もまた心の成長にとって大事であることを理解するのは容易でない。

## アジアには別の視点がある

アジアには、現実に対する別の見方、つまりネガティブな状態が受容されている世界がある。アジア出身の人々は、よく集団主義的と言われる。社会の基本単位が個人ではなく集団だからだ。こういう社会では、グループ全体の利益になるのであれば、個人の欲求は控える傾向がある。目立つ存在であるよりはグループの一員として溶け込むことを望む。個人のアイデンティティは持っているが、どんな状況でも不変の確定したものではなく、流動的なものと考えられている。著名な社会心理学者ロバート・ワイアーはこのことを、次のように説明している。

> 個人主義の人は、誰かに夕食に招かれたら、あとでその人を、お返しに自宅に招かなければならないと考える。集団主義の人は誰かに夕食に招かれたら、あとで誰かを招こうと考える。

捉え方が大雑把すぎるかもしれないが、アジアの人たちは、情動経験の捉え方が欧米人とは違うように思う。たとえば、白人のアメリカ人やカナダ人に「あなたは幸せですか？」と尋ねたら、相手はすぐに自分の心の内を覗き込む。いつもその時々の自分の気持ちをチェックしているので、かなり的確に答えることができる。しかし同じ質問を、たとえば韓国の女性にしたとする。彼女は自分がどんな気持ちかということだけでなく、その状況で自分がどう感じるべきかという文化的な規範にも同様に考えを巡らすだろう。

研究者たちは、この「自分はどう感じるべきか」に関しても、興味深い文化的違いがあることを発見した。アジアの人たちは、平安、調和、充足感、冷静さのような穏やかなポジティブ感情を持つことがいいと考える。欧米人は逆に、もっと活気のあるポジティブ感情、たとえば熱意、喜び、誇りなどを好む。つまり、アメリカ人は心が興奮する状態を好み、こういう傾向は「自己強化」される。

我々が行った研究の中にも、さまざまな文化的背景を持つ人々の情動経験を調べたものがある。「情動経験の好ましさ」と「それをどのくらい記憶しているか」の関連があるかを調べたところ、アメリカ人は非常にいい気分だった時には、それをよりよく記憶する傾向があったが、日本人の場合には、特にそういう傾向は見られなかった。

東洋人と西洋人の違いは、特にネガティブな情動経験に関して明白で、一番違いが大きかったのは感情の抑圧に関するものだった。これは、フロイトが説いた「防衛機制」で、辛い気持ちに対処する心のトリックである。耐えがたい経験を完全に抑え込む（忘れてしまう）こともあるし、ユーモアで紛らせることもある。そうやって辛い経験の衝撃を、鈍らせたり抑え込んだりするのである。

東洋人は表情が読み取りにくいことが多いので、「抑圧が強い民族」というステレオタイプで捉えられがちだ。だがアジア人が感情をあまり出さないのは、集団的文化の社会でうまくやっていくために、ポーカーフェイスを使う傾向があるからだ。アジア人は感情の表現を抑える傾向があるにしても、感情の経験そのものを抑圧するわけではない。むしろ、不快な情動経験に対する耐性が非常に高い。悲しみやいらだちを感じた時、彼らは欧米人のように気晴らしに走ったり冗談でごまかそうとしたりしないということが、調査の結果に表れている。

こういう傾向は、うつに陥った時の両者の反応の違いにも見られる。皆さんはもちろん、うつ状態がどんなものか直観的にわかると思う。読者の中には今もうつ状態だという人もいるかもしれない。うつというのは、気持ちが晴れない、エネルギーがない、物事を楽しめない、よく眠れない、身だしなみができない、集中できないなどの症状である。それが極端になると、絶望感を覚えて、自殺を考えるようになる。多くの西洋人は、こういうひどく辛い感情を避けようと、薬物や睡眠薬で感情を麻痺させようとする。ところが東洋人には、そういう傾向が少ない。

ある研究で、病的なうつ状態にあるヨーロッパ系とアジア系のアメリカ人の2つのグループに、愉快な映像を見せた。アジア系の人たちは愉快なシーンの時は声をあげて笑ったり、微笑んだりしたが、ヨーロッパ系の人たちは表情を変えなかった。また別の研究で、うつのヨーロッパ系の人たちは、悲しい映像を見せても何の反応も見せなかったが、うつのアジア系の人たちは、涙を流す人が多かった。ヨーロッパ系アメリカ人たちはうつになると完全にスイッチが切れてしまうのに、アジア系の人たちは十分に感情を保っていた。つまり、アジア系の人たちは自分の辛い感情に、よりよく耐えることができるようだ。こういう現象をもっと詳しく調べることで、私たちはそこから何かを学べるのではないだろうか。

実は、こういうネガティブな心理状態に対する文化的傾向は、後天的に習得されるということがわかっている。感情が母国語と同じように教えられて身につくというと、意外に思うかもしれないが、その通りなのだ。それを見事に示して見せたのは、スタンフォード大学の研究者ジェニー・ツァイたちが行った一連の研究である。そのうちのひとつの調査で、彼らは2005年にアメリカと台湾でベストセラーになった1冊の児童書に注目した。本のイラストを詳しく調べたところ、アメリカで出版された本には、満面の笑顔、感情豊かな顔の表情、生き生きした体の動きが、台湾で出版された本よりもはるかに多く描かれていた。また、その後に行われた調査では、アメリカと台湾の子どもたちをそれぞれランダムに2つのグループに分け、同じストーリーのアメリカ版を一方のグループに、他方には台湾版を読み聞かせた。アメリカ版は体を丸めてプールに飛び込むエキサイティングなストーリーで、台湾版はのんびりと水面に浮かぶストーリーである。

その後、子どもたちを外で遊ばせるのだが、その前に「太鼓を勢いよくバンバン打ち鳴らす遊び」と、「静かにゆっくりポンポンと鳴らす遊び」のどちらがいいかを1人ひとりに尋ねた。するとその子の文化的背景にかかわらず、エキサイティングな話を聞いた子どもたちは、エキサイティングな遊びを選ぶ傾向が見られたという。

さて皆さんはわが子に、主人公がネガティブ感情を我慢するような話を、どのくらい読み聞かせてきただろうか。主人公がネガティブな経験に耐えるという話は、アジアにずっと多い。アメリカの子どもの本は、楽しい誕生日や食事の場面にあふれ、ハッピーエンディングばかりで、悲しみや辛さを味わう場面はあまり出てこない。子どものことを気にかける親たちも教育関係の人たちも、ネガティブストーリーの教材や、子ども同士の人間関係の中に、「不快さを我慢する強さ」を養う機会をもっと見出してはどうだろうか。

アジアの文化をことさらに理想化しようというのではない。アジアには逆にポジティブな情動経験を味わうことを避ける傾向があることを、多くの研究結果が示している。アジアの人たちは、状況は常に変遷すると考えていて、そのため、アメリカ人のようにポジティブな瞬間に固執することを警戒する。**アジア人は、非常に悪い状況にあっても不安によく耐えられるのに、最高に幸せな瞬間には、幸福感を少々犠牲にしてしまうようだ。**我々がここで言いたいのは、欧米人も快適中毒から抜け出して、心の耐性を身につける術《すべ》を学べるということである。

欧米の社会は、少々の危険、リスク、困難、あるいは些細な失敗などに対して、もう少し寛容になってもいいのではないだろうか。そういう経験が与えてくれる精神の強さを、現代社会に取り戻すことができるからだ。もちろん、たった今からエアコン、スマホ、水洗トイレを使うのを止めようなどと言っているのではない。子どもたちを荒廃した危険な場所で遊ばせるように勧めているのでもないし、ネガティブ感情を我慢できる子にするために台湾の絵本を買うことを勧めているのでもない。

だが、もっと逞しく調和の取れた人間になりたいと思うなら、何らかの変化が必要だろう。急激な変化を起こそうと思うと気がくじけてしまうから、わずかずつ変えていくことを勧める。そして、**「心理的な不快さには利点があること」「辛い心理状態がポジティブな結果に結びつくこと」「難しい人間関係を耐えることによって世界が広がること」**などを、試しながら自分で理解して行ってほしい。

## 心理学が追い求めるもの

人は近代心理学を心理療法のようなものだと考えたがる。映画に出てくる心理学者たちはたいていカウンセラーのように描かれ、研究者として登場することはめったにない。このステレオタイプにも一理あって、アメリカには17万5000人の心理学者がいるが、修士ないし博士レベルはその半分以上が心理療法士で、残りが研究者か教授かコンサルタントだ。現代の心理学の多くの部分が、うつや不安などの一般的な心の病の治療に貢献しているので、心理学という学問は、「人間の最適な機能」を研究するために発展してきたものだという基本的な事実が忘れられがちである。

心理学は比較的新しい科学分野である。その初期には、ヘルマン・フォン・ヘルムホルツのような医師たちが、正統な実証的研究によって人間の基本的な機能を確かな方法で理解しようとした。ヘルムホルツは、神経インパルスと呼ばれる電位が体内を伝わる速さを計算することにも成功した（1秒間に約27m）。しかし1900年頃になると、心理学者たちは、人間が「どのように機能しているのか」ではなく、人間を「いい状態で機能させるにはどうするか」を理解するために研究を行うようになった。20世紀の優れた科学者たちはその多くが、人間がどのように繁栄《フラリッシュ》するかに注目していた。その代表がウィリアム・ジェームズとジークムント・フロイトで、「自己一致」「発達」「全体性」などの多くの心理学用語が彼らによって生み出された。彼らは人間が、生来の本質を越え、将来を思い描き、それに向かって努力することができる――あるいは、悪い成り行きを回避できる――という点で、他の動物と異なっているのだと考えた。

第二次世界大戦のあと、心理学は健康な心理に注目することから遠ざかり、心の病に力点を置くようになった。「可能性」という言葉に代わり、「症状」とか「障害」という言葉が多く使われ始めた。前線から戻ってきた兵士たちの多くが、抑うつやトラウマに苦しんでいたからだ。彼らのためにより効果的な治療法を見つけることは、心理学界が当然するべきことだった。その傾向はその後もほぼずっと続き、現代に至っている。しかしその間も、心理学のポジティブな分野を提唱する人たちはいた。精神障害ばかりに注目することより、寛容さ、レジリエンス、信頼、許しといった、人間のポジティブな面に心惹かれた学者たちである。1950年代、1960年代、1970年代に、アブラハム・マズロー、カール・ロジャーズをはじめとする人間性研究者たちが、人間の可能性への関心に再び火をつけた。そしてさらに最近になると、我々を含む「ポジティブ心理学」の学者たちがこぞって、人間の本質のもっとも素晴らしい側面に注目し始めたのである。

このポジティブ心理学が出現したタイミングは、世の中の繁栄の新しいうねりにぴったりだった。1970年代から1980年代、1990年代にかけてアメリカ経済は大きく発展し、前にも述べた通り、人々の関心は「快適さ」や「成功」に移っていった。過剰な快適さは、人々の逞しさを損なったが、人々の成功への関心はきわめて高く、ポジティブ心理学の研究はそれに支えられて伸びていった。

我々が本書で論じたいのは、「人間の持つ潜在的な可能性」と、「人間性のネガティブな部分をどう扱うか」という2つのテーマが、相容れないものではないということだ。この双方を合わせて考えることによって、人間ならではの複雑さを活かすことができる。

# 第3章

# 嫌な気分には
# メリットがある

NBAプロバスケットボールチーム、ロサンゼルス・レイカーズの、その日の試合の前半は、まるで締まりのないものだった。選手たちはチアリーダーに目をやったり、ジョークを言い合ったりして、ゲームの流れすらろくに見ていない。真剣にプレーに集中していたのは、スター選手のカリーム・アブドゥル＝ジャバーただひとりだった。ハーフタイムで、監督のパット・ライリーは雷を落とした。選手たちを大声で怒鳴りつけ、水の入った紙コップが並んだトレイを皆にぶちまけた。ところが、ずぶ濡れになったのはカリームだった。これを見て、他の選手たちは申し訳ない気持ちでいっぱいになった。真剣味のないプレーをしていたのは自分たちなのに、罪のないカリームが監督の怒りを引き受けてしまったからだ。試合後半、選手たちの気持ちはひとつになり、レイカーズは20点差を逆転して勝利した。あとでわかったのだが、これはすべて計算されたシナリオだった。ライリー監督は初めから、カリームに水をかけようと考えていたのだ。その戦略は見事に当たった。

監督がハーフタイムに、ロッカールームで「喜び」や「愛情」や「満足感」などの雰囲気づくりに徹していたら、果たしてチームの動きがよくなっただろうか。あの場では、「怒り」こそが、問題解決の答えだった。選手たちの反応を見てわかるように、ネガティブ感情というのは、非常に強いモチベーションを生み出すことがある。

**ネガティブ感情は気分のいいものではないが、それを拒んでは、生きる上で有益なツールが活用できない。いつもポジティブなことを探して、ネガティブ感情を消したり、押し殺した**

り、隠したりしていては、人生という試合に勝利することは難しい。ネガティブ感情を無理に取り除こうとすると、意に反して、幸福感、生きる意味、気概、好奇心、成熟、叡智、人間的成長なども一緒に損なわれるからだ。ネガティブな事柄に無感覚になれば、ポジティブな事柄に対しても無感覚になる。前章で紹介した面白い漫画を見ても笑うことのできなかったうつ状態のアメリカ人の姿を思い出してみてほしい。

## 悪いものは、よいものよりも、強い

フロリダ州立大学のロイ・バウマイスターたちは、『悪いものはよいものより強い』というタイトルの論文を発表した。この大胆な見出しを見ると、心理学者たちが何らかの方法で世の中のいいことと悪いことを測ったら、暗い部分の方が優勢だったということかと思ってしまいそうだ。実際に論文に書かれていることは、「人はポジティブな出来事よりも、ネガティブな出来事により強く反応する」ということだ。たとえば、ごく普通のアメリカ人の大人たちを対象に調査したところ、人はどんなに楽しい1日を過ごしても、翌日に何の影響も残らない。しかし最悪の1日を経験すれば、翌日までそれが響く。朝の目覚めは悪く、朝食は砂を嚙むようで、職場に向かう運転はゆとりのない荒っぽいものになる。似たパターンは、心理学の調査結果に頻繁に見られる。

・結婚において性生活がうまく行っていることは、夫婦の結婚に対する満足度を20パーセントほど高める。しかしうまく行っていない場合は、満足度が50から75パーセント低下する。
・子どもたちに、クラスに「友達になりたくない子」がいるかと尋ねる。子どもは誰かの名前を挙げると、その子について、スポーツが下手、宿題をしないなど、たくさんの欠点について話す。しかし「友達になりたい子」を挙げた場合、その子のスポーツ能力や勤勉さや容姿に関して特に高い評価をするわけではない。
・人は嫌な臭いには強く反応する。長い時間鼻にしわを寄せる。心地よい香りには一瞬笑顔を見せるだけである。

バウマイスターの研究チームが出した結論は、「ネガティブな出来事、経験、人間関係、心理状態は、ポジティブなものに比べ、人の感性により強い影響を及ぼす」というもので、非常に包括的で説得力のある結論である。「気のめいるような結論だなあ」と、皆さんは思ったかもしれない。だがネガティビティというのは、理論上、進化の過程で人類に備わった生来の特質とされている。何かを悪いものだと感じる能力（この苦い葉っぱはきっと毒に違いない……）が、生存に必須の能力であるのと同じように、ネガティブ感情もまた、生きる上で必須の感情である。感情は経験の「追跡システム」のようなもので、現在の状況は安全かそれとも避けるべきかということを、私たちは過去の感情の記憶をもとに素早く判断できる。

朝出がけに、妻（夫）と気持ちよくキスを交わして出かけたことは、別に記憶に残らない。だが少し言い争いをしたとすると、そのことはなかなか頭から離れない。これはわかりやすい。では欲求不満やイライラ、失望などはどうだろう。これらの不快感情も、熱意や満足感などのポジティブ感情より、激しく感じられるのだろうか。

この疑問を起点にして、ネガティブ感情について考えてみることにしよう。少し時間を取って、ネガティブ感情に関する言葉を、考えつく限り書き出してみてほしい。それが終わったら、ポジティブ感情に関する言葉も同様に書き出してみよう。さて両方を比べてみると、皆さんのネガティブ感情のリストは、ポジティブ感情のリストよりも長くないだろうか。そうなる理由は、ネガティブな言葉の方が、ポジティブな言葉より具体的な意味を含むからである。「愛情」と「怒り」、あるいは「幸せ」と「恐怖」を比べてみれば、その違いがわかるだろう。

別のある研究で、人が感情的な出来事をどれくらい覚えているかということを調べるために、成人参加者が日々実際に経験した気分を、2週間にわたって追跡調査し、その後その気分を感じた回数と強さを思い出してもらった。当然ながら、人々はポジティブでもネガティブでも、印象が強かった出来事ほどよく記憶していた。ただ興味深かったのは、過去のポジティブ感情に関しては、その回数を少なく見積もりがちだったのに対し、ネガティブな出来事の起きた回数は正確に思い出すことができたということだ。また人々は、ポジティブ感情を高めるスキルに比べ、ネガティブ感情を和らげたり、消したり、我慢したりするスキルの方を、はるかに多く持っているということもわかった。

皆さんは、何らかの顧客サービスに電話をした経験があると思う。その時のことを思い出してみよう。医者の予約を取ろうとしたが、都合がいい時間が空いていないと言われた時、クレジットカード会社の担当者に遅滞金を1回だけ免除してほしいと頼む時、航空会社のエージェントに何とか優先席を取れないかと尋ねる時など、どんな頼み方をしただろうか。柔らかいトーンで、丁寧に頼んだろうか。それとも声を荒げて攻撃的な話し方をしただろうか。たぶん皆さんはいい人だろうから、丁寧な話し方をしただろう。実は、あまり信じたくないことだが、偉そうにがなり立てる人の方が、望み通りの結果を手にする可能性が高いという。

怒りっぽい性格は、周りの人には不愉快だが、時にそれが威力を発揮することがある。本書が提唱する情動の敏捷性というのは、態度のレパートリーを広げ、時にはタフで、ストレートで、効果的なアプローチができる能力だ。皆さんは、そんなやり方はごめんだと思っているだろう。「ネガティブはどうしたってネガティブだ。攻撃的で敵対的で意地の悪い人間なんて、つまり嫌な奴じゃないか。そんな仲間に加わりたくない」。しかし、これからお話しする役に立つネガティビティというのは、「嫌な奴」になることとは関係ないのである。

ネガティブ感情は、今現在の状況に意識を集中させる働きをする。たとえば、壁にドリルで穴を開けるとする。位置を間違わないように正確に見極め、ドリルが滑っても怪我しないように手もとにも気を配り、すべてに細心の注意を払うだろう。リスクを考えて不安を覚えるからこそ、正しい位置に無事に穴を開けられる（プラスチックのナイフでケーキをカットするのであれば、いい加減に切るだろう。それで十分だからだ）。

クイーンズ大学のケイト・ハークネスの研究によれば、憂うつな気分になりやすい人は、細かい点に気がつく傾向があるという。人の表情を読み取る能力などは、特に高い。「ハッピー・ゴー・ラッキー」的な、お気楽タイプの人は、実に大雑把である。相手の顔を見ても、目と鼻があること以外には、「あれ、ちょっと眉毛を持ち上げてるかな」くらいしかわからない。一方で、気持ちが落ち込んでいる人たちは、非常に観察が鋭い。相手の唇がかすかに震えたことも、目がわずかに細められたことも見逃さない。恋人や配偶者と喧嘩をしている時（つまりネガティブな気分になっている時）には、相手の態度のかすかな変化まで読み取ることができるというのは、皆さんも経験があるだろう。それらは、いい気分の時には絶対に気がつかないような些細な変化である。

ご機嫌な人たちが細かいことをいい加減にして、お互いに快適であるなら、みんなそういう適当なやり方で満足する方がいいということなのだろうか。いや、そうではない。たとえば新しく重要な契約を結ぶとする。皆さんは、小さな問題も見逃さない気難しい弁護士よりも、ご機嫌でいい加減な弁護士の方が好ましいと、本気で思うだろうか。我々もそうは思わない。

航空管制センターの雰囲気は、大体においてネガティブである。これはひとつには、管制センターは安全に関わる仕事であり、ミスが起きた時の結果がきわめて重大だからだ。一番軽いミスであっても、飛行機の発着の遅れにつながり、物流に混乱を来す。重大ミスであれば、何千万ドルの損害と何百人もの乗客の命に関わる。「航空機を隙間に詰め込む」という言葉で表現される管制センターの仕事は、詳細に目を光らせる仕事である。レーダースクリーンの上でチカチカ光る小さな点の1つひとつが実際の飛行機であり、それぞれが異なる識別番号、高度、飛行速度、飛行計画を持っている。不安や疑念などのネガティブ感情が、じょうごのように働いて、注意力を重要な詳細に集中させる。この世界に、「まあ大丈夫」という言葉はない。これまでの経験でわかるように、管制センターは、すべてが完全にうまく行って当たり前。うまく行かなかったら厳しく糾弾される存在である。

ケンタッキー州ルイビルの航空管制官グレッグ・ペットによると、彼が勤務する管制塔は、50平方マイル（約130km²）の範囲の、高度1万フィート（約3000m）までの空間にあるすべての航空機に責任を持っているのだと言う。2機の飛行機が5キロ以内に近づけば、非常に危険とされる。なんとストレスの高い仕事だろう。ペットはレーダー室のことを、日本語を使って「ドウジョウ（道場）」と呼んだ。管制官たちは毎日700回、飛行機の発着を管理しており、離着陸が一番集中する時間帯は夜中だという。地元のフェデラル・エクスプレス（フェデックス）の飛行機がこれまでになく多く飛び立つようになったからだ。私はペットに、夜中に飛び立つフェデックスが人ではなくモノを運んでいるとわかっていると、旅客機を扱うほどのリスクを感じないだろうかと聞いてみた。

「正直に言いますとね」と彼は答えた。「どんな飛行機も、スクリーン上の点としか考えないようにしてるんです。1つひとつの飛行機に何が乗っているのかを考え始めたら、恐ろしくて気が変になってしまいます」。それから彼はこう言葉を継いだ。「でも、飛行機を正しい間隔で並べられて、正確に発着させられた時はいい気分ですよ。最高の気分です」

その言葉には誇りがあふれていたが、一方で管制官たちにはネガティビティが蓄積していることも認めた。緊張が高まってくると、感じの悪さや競争心をむき出しにすることもあるという。「ストレスを紛らすために、同僚を意地悪くからかう人もいれば、家に帰って神に祈る人もいれば、酒を飲む人もいる。その人の文化的背景によりますね」

ここで明確にしておきたいことは、ネガティブ感情に関して、多くの人は大きな勘違いをしているということだ。たいていは、「ネガティブ感情」と、「ネガティブ感情を表すこと」を、分けて考えている。私が話を聞いたほとんどの人たちは、「人は悪い気分になることは当然あるし、それは避けがたいことだ」という考えには、あっさり賛成してくれた。ところが多くの人が、不満や強い悲しみを表わすことは、好ましくないと考えている。コンピュータのように、内部のプロセスは人目に触れず、スクリーンには違うものが表れる方がいいと考えているかのようだ。

こういう姿勢は、程度の差こそあれ、どの文化にも見られる。人々が互いに微笑んでいる社会の方が、互いにわめき散らす社会よりも暮らしやすいという考え方である。しかしその考え方からは、「感情表現は理由があって存在する」という視点が抜け落ちている。感情表現は、コミュニケーションの重要な手段である。眉を寄せたり顔をしかめたりしていれば、こちらは機嫌が悪いのだという警告が周囲に伝わる（誰にもそういう時があるだろう）。恐怖の表情は伝染性があるので、直接関係のない人までアドレナリンが上がって、不安そうに辺りを見回すことになる。感情を表現することは、ネガティブなものも含めて、人間の情動経験の大事な一部分である。

## ネガティブ感情は役に立つはずなのに、なぜ嫌われるのか

少しこんなことを考えてみよう。以前スピーチをした時、聴衆が冗談にも笑ってくれず、まともに聴いてくれなかった。もうあんな経験は二度としたくない。しないですむためなら、皆さんはいくら払うだろうか。あるいは、自分の不安感のために、罪のない人をひどくいじめてしまったことがあるとする。思い出しただけで身が縮む経験だ。あんな思いを再びしないためなら、皆さんはいくら払うだろうか。あるいは逆に、今の夫や妻や恋人との最初のデートの時のときめきをもう一度感じられるものなら、いくら払うだろう。また、これまでの人生で最高だと思ったマッサージを、今再現してもらえるとしたら、どのくらい払うだろうか。

香港大学のボボ・ラウの研究チームは、参加者に以下のような質問をした。少々非現実的な

シナリオだが、ちょっと覗いてみよう。

「あなたがこれまでの人生でこの上もなく幸せだった特定の時を思い出してください。その時の気分をもう一度味わうために、2ドルから200ドルの間で、いくら払ってもいいと思いますか」（以下、同じパターン）

「静かで穏やかな気分だった時を思い出してください……」

「熱狂的な興奮を味わった時を思い出してください……」

次に、ネガティブな気分について尋ねる。

「あなたが強く後悔している具体的な出来事を思い出してください。もう一度あんな気持ちを味わうことを避けるためなら、いくら払いますか?」

「恐怖を味わった時を思い出してください……」

「ひどく恥をかいた時を思い出してください……」


さまざまな感情について、それをお金という具体的なものに置き換えてもらうという試みである。読者の皆さんはすでに推測しているかもしれないが。参加者たちは幸せ気分を買うよりも、心の苦痛を避ける方が多額の金に値すると考えていた。具体的にいくらぐらいだったのかを見てみよう。

以下が、ラウの研究の参加者たちが払ってもいいと答えた平均金額である。

静かで穏やかな気分　44ドル30セント
興奮　62ドル80セント
幸福感　79ドル6セント
恐怖心を避ける　83ドル27セント
悲しみを避ける　92ドル80セント
恥かしさを避ける　99ドル81セント
後悔を避ける　106ドル26セント

後悔を避けることより高い値段がついたものはただひとつで、それは「愛情」を取り戻すことだった。幸福感も情熱も穏やかな気分もいいものだが、社会的動物である私たちは、自分を受け入れて、価値を認め、本当の自分を好いてくれる誰かを求める。愛の値段は113ドル55セントだった。香港の人以外はこの値段に納得がいかないかもしれない。そこで英国出身の成人参加者を対象にして、同じ調査をしたところ、結果は似通ったものだった。穏やかな気分（53ドル47セント）や興奮（60ドル90セント）は、恥かしさを避けること（71ドル83セント）や、後悔を避けること（64ドル40セント）には及ばず、やはり最高は愛情だった（115ドル16セント）。

これらの値づけからは、人が自分の心の中や外の世界を、できるものなら変えたいと思っているということが伺える。私たちにとって一番大事なことは、他者から受け入れられることだ。しかし他人の言動はコントロールできないので、これが難しい。コントロールできるのは自分の思考と行動だけである。他者をコントロールできないことからくる不安が、心理状態の中でもっとも不快なものかもしれない。後悔や恥の感情を怖れる気持ちがそれに続く。もっとも高い値札のついた3つの感情はみな、自分が他者からどのように見られているかに深く関わる。だが悪いことに、ネガティブ感情を気にかけていては、他者の評価を得ることの妨げになるばかりだ。それが、ネガティブ感情が嫌われる理由のひとつだが、理由はほかにもある。

ネガティブ感情を避けるのは、私たちがその利点を理解していないからではなく、基本的に次の非常に直観的な4つの理由による。

1　ネガティブ感情は不快だと思われている
2　ネガティブ感情からは抜け出せないと思われている
3　ネガティブ感情は自制心を失わせると思われている
4　ネガティブ感情は周囲にとって迷惑だと思われている

これらの基本的な理由について、詳しく見ていこう。

## 1　ネガティブ感情は不快だと思われている

誰だって嫌な気分にはなりたくない。午後いっぱいストレスと失望感にまみれて過ごすなんて、願い下げだ。不快さを避けたいと思うことは決して間違いではないが、それに耐える強さが自分にあることを見落としていることが間違いである。前述した、妊娠検査の結果を知った女性たちの反応を調べた研究を覚えているだろうか。期待が外れた時に私たちが感じるネガティブな気持ちは、ほとんどの場合、予想より軽い。

皆さんは、過去に何度も怒りや恐怖を感じてきたと思う。しかし今はおそらく、どちらも感じていないだろう。それらの感情は通り過ぎて行き、経験したからといって、通常はその人に何か悪い変化が起きることはない。むしろ不愉快な感情を経験したことによって、自分で思う以上に、そういう感情に対処する能力が向上しているはずだ。

たとえば、最近退屈していた時間のことを思い出してみよう。カルガリー大学のピーター・トゥーイに言わせると、退屈というのは機能を持ったツールなのだそうだ。現在の人間関係や日々の雑事に自分は満足していない、ということを自覚させてくれるツールである。長々と続くスピーチや長時間のフライトで退屈している時など、自分ではどうしようもない時もあるが、退屈な状況から自力で抜け出すことが可能な時も多い。退屈のおかげで、正しい選択をしていないことや、新しい状況で心を閉ざしている自分に気づくことができる。また興味深いのは、多くの人は退屈を嫌うのに、その時々の退屈にちゃんと対処していることだ。そしてそういう気分はやがて過ぎ去る。退屈を事前に想像すると耐えがたいものに思えるが、皆さんはこれまでの人生で数えきれないほど退屈を経験し、そのたびに有効に対処してきたのである。

**2　ネガティブ感情からは抜け出せないと思われている**　たとえば、うつは治りにくく慢性化してしまうと生涯そのままだ、と信じられている。では実際に何年もうつに悩んでいる人たちの例を見てみよう。人々の思い込みの根拠になりそうなのは次のような数字である。「重度のうつ症状のある成人の60パーセントが再発し、再発した人々の70パーセントが3度目を経験する。そしてその人たちの4度目の再発率は90パーセントにはね上がる」。確かにそう言われると怖くなる。しかしそれは、きちんと計算をしていないからだ。うつを経験した人が100人いるとする。60人は2度目を経験する。3度目を経験する人は42人で、4度目を経験する人は38人である。この38人にとっては、確かに深刻な問題に違いない。しかしうつを患っても、62パーセントの人たちはそれから逃れる道を見つけている。多くの人が、何度かの不快な経験を乗り越えて回復するのである。

これは他の不快な感情についても言える。強い怒りを経験すると、自分の中のスイッチが入って、そのまま怒ってばかりいる人間になってしまうのではないかと不安になりがちだ。またパニックを経験すると、この後自分は一生怯えて生きなければならないのかと思い込んでしまう。他人の例を見るまでもなく、これまでの経験を思い出してみれば、そんなことはないとわかるはずだ。

**3　ネガティブ感情は自制心を失わせると思われている**　ネガティブ感情は津波のように自分を圧倒し、望みもしない突飛な思考や行動に導くのではないかと恐れられている。そういう懸念がはっきり語られることはめったにないが、それが多くの人々が怖れていることである。感情的になって自制心を失い、普通ならしないようなことをしでかすのではないかと考える。わかりやすいケースは怒りである。怒りにはそういう懸念もまったくないわけではない。だから、計画的な第一級殺人に比べ、その場で激情に駆られて起きる第二級殺人は量刑が軽いという法制度ができた。まるで法律の専門家たちが「頭に血が上った人たちは、自制心を失うものだからね」と認めているようなものだ。だが皆さんの周りにカッとなって殺人を犯した人が何人いるだろうか。非常にまれなケースだからニュースになるのである。まして、怒りっぽい人（ホットヘッド）がその性格が原因で犯罪者になるケースはさらに少ない。

**4　ネガティブ感情は周囲にとって迷惑だと思われている**　これは、ネガティブ感情を表した時の周囲の反応を心配するからである。私たちは職場でブスッとしていたり、突然怒り出したりすれば、周りの人が自分を避けるようになるということを直観的に知っている。だから、その懸念はもっともだ。ただその心配が行きすぎなのである。確かにネガティブな気分は、ある程度周りに影響を及ぼす。トーマス・ジョイナーの有名な研究に、「ルームメイトの気分は伝染性を持つ」というものがある。1人がもともと憂うつな気分だと、同室の者が憂うつになる確率が、その後3週間にわたってじりじり高くなる。憂うつさの基準を同じにし、他のネガティブな出来事の影響を除外してみても、結果は同じだった。憂うつな気分は伝染性を持つ。ポジティブな人はルームメイトの気分をポジティブに変えるとよく言われるが、実はネガティブな人がルームメイトに与えるネガティブな影響の方が大きい。やはり悪いことはよいことより強いようだ。

ここまで、人々がネガティブ感情を避ける4つの主な理由について説明してきた。それらはみなある程度は正しいので、完全に反論することはできない。ただ、それより重要なことは、ネガティブ感情がどういう役割を果たしているのかということだ。ネガティブ感情は、人間の健全な感情の大事な一部である。見苦しくて不快で、時にやっかいなモノではあるが、やはりそれらは役に立っている。

感情はすべて、「情報」である。いい気分も悪い気分も、私たちの成長、人間関係、環境、行動などがどんな状態かを知らせてくれる。たとえて言えば、車のGPS（全地球測位システム）モニターのようなもので、自分の今いる場所や前後の地図情報を示して、進み具合を示してくれる。

ネガティブ感情から無理に逃げたり、それを隠したり避けたりすれば、貴重な情報を取り込み損ねる。次のように考えればわかりやすい。

・身体に危険が及ぶ可能性がある時には、「恐怖」でゾーッとする方がいい
・子どもを守らねばならないという時には、「怒り」が湧いてくる方がいい
・ギターを練習していて少しも進歩が見られない場合は、「いら立ち」を感じる方がいい
・子どもにうっかり、「お前は頭が悪い」とか、「器量が悪い」とか、「嫌な子だ」とか言ってしまった時には、「後悔」の念を覚える方がいい

**どのネガティブ感情も、「何かがうまく行っていない。すぐ対応する必要がある」と知らせてくれるシグナルである。怒りやその他のネガティブ感情を、感じるそばから抑え込んでしまうと、それらがなぜ湧いてきたのか、それがどんな行動を促しているのかわからない。**これは非常に重要なことだ。皆さんは、「ネガティブ感情を避ける理由は4つもあるのに、有益である理由はひとつだけか」と思ったかもしれないが、ひとつだけでもこれは立派な理由である。

こんな世界を想像してみてほしい。ずっとめざしてきた目標が達成できなかったのに、誰も落胆しない世界。地下室で火事が起きても、海で泳いでいるそばに使用済の注射器が浮いていても、誰も恐怖を感じない世界。いわゆる「ネガティブ感情」がないこういう世界は、まともな人間のいない世界である。

## もっとも嫌われる3つのネガティブ感情

### ネガティブ感情1——怒り

サンフランシスコのアパートに暮らすマシュー・ジェイコブスは50代である。自営で大工の仕事をしていて、腕のいい職人と評判だ。仕事がない日はサッカーをしたり、ノンフィクションを読む。ベトナム戦争の時には憲兵として働いていた。若い頃はカッとなりやすかったが、そういう気性は歳と共に収まり、平穏に暮らしてきた。

2013年5月の夜遅く、ダウンタウンの路上にあるベトナムフォーの屋台で、ベトナム人女性の店員がジェイコブズに、フォーの入った器を手渡そうとした時、見知らぬ大きな男がその店員に近づいてきて大声で何か言い始めた。ペンを貸せと言うのだが、女性が持っていないと言うと、男は人種差別的な言葉で女性を罵った。店には2人、高校生くらいの少女もいて、男の目が自分たちの方に向くのではないかと不安そうにおどおどしていた。男の悪口雑言《あっこうぞうごん》はさらに激しくなった。しかし周りの誰も、女性たちをかばう様子はない。ジェイコブズは、その見知らぬ男に静かに声をかけた。強い口調でものを言わなければならない時には、その前に必ず2回丁寧な言葉をかけるというのが彼のルールだったからだ。

「すみませんが、少し静かにしてもらえませんか」

男はジェイコブズの方を振り向いて、今度は彼に悪態をついた。ジェイコブズはさらに丁寧に言葉を継いだ。「いい加減にして、よそへ行ってもらえるとありがたいんですがね。静かに食べたいんですよ。誰ももめごとは好みませんから」

彼は、これで十分に礼儀正しく対応したと感じていた。だが、それらの言葉も相手を静かにさせる効果はなかったようだ。腹を立てた相手はジェイコブズに近寄ってきて、いっそう汚い言葉でわめき散らした。

ジェイコブズはフォーのどんぶりを置いて立ち上がり、ドスを利かせた声でこう言った。

「俺が育ったところじゃ、そういう態度は喧嘩を売ってると見なされるんだ。やる気なら相手になるぜ」

男は驚いて後ずさりし、捨てゼリフを吐いてその場を立ち去った。ジェイコブズは大きく息をついて心を静めた。喧嘩にならずにすんでよかったし、ベトナム人の女性や少女たちにも怪我がなくて何よりだった。そう思って彼女たちの方に目をやると、期待したような感謝の会釈も言葉もなく、彼女たちはさっきの男に対するのと同じように、恐怖の表情を浮かべてジェイコブズを見ていた。

これは現実にあった話だ。これがドラマだったら、乱闘に発展していたかもしれないし、危機を救ってもらった女性がジェイコブズにほれる展開になったかもしれない。しかし現実の世界でネガティブ感情が表現されると、こんな結果になるといういい例である。

ネガティブ感情（ジェイコブズのケースでは怒り）は、外界の状況に触発されて表面に出てくることが多い。つまり理由もなく現れるものではない。周りの人が引いてしまうなどのマイナス面を伴うとしても、ネガティブ感情は、時に非常に役立つ。このエピソードで見られるように、怒りを表すことによって、相手の行動を劇的に変化させることができる。相手は多くの場合、たちまち後退したり、妥協したりする。そのため、状況によっては、ポジティブ感情を表すよりも怒りなどのネガティブ感情を表わすほうが適切な場合もあるということだ。

怒りの感情というのは、それ自体いいとか悪いとかいうものではない。怒りによってどんな行動を取るかの方が重要である。研究によれば、怒りが表された例で、それが何らかの暴力に発展したケースはわずか10パーセントだった。つまり怒りと攻撃は同じではない。怒りが生じるのはふつう、自分が公正に扱われなかったと感じた時、あるいは自分が何か意味のある目標を達成しようとしている時に、それが邪魔されてできないという時だ。

我々の研究では、協力者たちに日々の怒りの感情を、のべ３６７９日分報告してもらい、それをコード化した。その63・3パーセントは、原因が（パソコンのキーボードなどではなく）人だった。怒りが起きるのはふつう、誰かが「何かをした」「何かをしなかった」「何かをするかもしれない」という時である。

複雑で、予測不能で、怒りを覚えることも多い人間関係の中を生きていくことの難しさを考えれば、人間にこれほど大きな脳が必要な理由もわかる（人間の大人の脳は、猫の脳の47倍、ビーグル犬の脳の19・5倍）。誰でも、他人から嫌な目に遭わされたり、傷つけられたりした経験があると思う。皆さん自身がたとえ親切で優しい人でも、誰かからうるさく文句を言われたり、からかわれたり、いじめられたり、裏切られたり、騙されたり、無礼な扱いをされたことはあるに違いない。そういう人間関係の中を生き抜くのに、ポジティビティだけで対処するのは不可能だ。腹の立つ状況を読み取って、それに対処するツールが「怒り」である。怒りの効用を調べた多くの研究が、怒りは楽観性、創造性、行動の効率を高めるとしており、怒りを表現すると、交渉を成功させやすく、人々を動かして状況に変化を起こすことができると説明している。では、そういうケースを具体的に見てみよう。

**1　怒りの感情は、より楽観的なものの見方に結びつく**　こんな実験がある。それぞれに異なる点数が書かれた32枚のカードを裏返しに置き、参加者たちに好きなだけ引いてもらう。引いたカードの数の合計がその人の得点になる。ただしその中に3枚だけ「破産カード」が含まれていて、それを引いた人は何百点も減点されて破産し（集めたカードのわずかな点数を合計してもそれには及ばない）、ゲームオーバーとなる。参加者は最初に、自分が32枚のうちの何枚を引くかを宣言する。破産カードが3枚含まれているとわかっているので、32枚全部引くと言う人はいない。では参加者たちは何枚くらいを宣言しただろう。実はこのゲームをする前に、一部の参加者にはわずかに怒りの感情を誘発させてあった。するとそのグループは、他の（怒りの感情を持たない）グループに比べ、大きなリスクを取る傾向があった。怒りの感情は、可能性の限界を試そうとする気持ちを生じさせる。

また、人々がリスクをどう考えるかを調べた別の研究でも、同様の結果が出ている。参加者にさまざまな質問をするのだが、その中にリスクに関する質問が含まれている。たとえば、離婚のリスク、性病に感染するリスク、難病の新しい治療法（成功すれば多くの人の命を救うが、失敗すれば命を縮める）のリスクなどを、どう考えるかという質問だ。参加者の一部に怒りの感情を植えつけた場合、そのグループは、「自分が結果をコントロールできる」「ポジティブな結果が得られる可能性が高い」「リスクを取ることには価値がある」と考える傾向が、ほかのグループより高かった。怒りは、脅威に立ち向かうために感情が高められた状態なので、あらゆる面で行動の準備がなされるのだと考えられる。スポーツ選手が自分を怒らせて気合を入れているのをよく見かけるが、それも同じ理由だろう。

## 2　怒りの感情は創造性のひらめきを生じさせる

まさか！と信じない人のためにもう一度言うと、怒りの感情は人を創造的にすることがある。心理学の研究で、創造性を調べる実験ほど楽しいものはない。たとえばよく知られているこんな実験を紹介しよう。皆さんは、「レンガの使い道」をいくつ考えられるだろうか。ちょっと時間を取って、思いつくだけ書き出してみてほしい。まず頭に浮かぶのは、もっとも一般的な使い道だろう。建物のレンガの壁が思い浮かぶ。次にもう少し知恵を巡らせて、レンガの重さ、形、頑丈さなどを利用した使い道を考える。ドアストッパー、ペーパーウェイト、踏み台、飛び道具、などという答えが並ぶだろう。なかなかいい調子だ。しかし、もっと人が考えないような使い方はないだろうか。リュックにレンガを入れてトレーニングの道具にする、鍋つかみの代わりにする、上り坂で車を停めるときにブレーキの補助としてタイヤの後ろに置く、などという答えが出てくるかもしれない。ユニークなものでは、旧式の携帯電話をからかうために、レンガを耳に当てて話しかけるなどという使い道を考えた人もいる。

心理学者たちはこの「レンガの使い道」のような実験を、創造性を測る方法のひとつとしてよく利用する。これで、思考の自由さ（どれだけのアイデアを生み出せるか）、独創性（ほかの人のリストと重ならないものがどれくらいあるか）、柔軟性（どれくらいさまざまな分野から答えを見出せるか）も測ることができる。ある研究では、参加者たちに別の課題をやらせ、そのフィードバックによって一部の人たちにわざと怒りの感情を生じさせた上で、この「レンガの使い道」の調査を行った。その結果、怒りを誘発された人たちの中で、誘発されなかった人たちより創造性が多く引き出されたのは、状況のルールを理解して自制を働かせようとする人たちだった。一方で、自制心のない人や反抗的な人の場合、怒りを誘発させると創造性は逆に低下した。つまり人によっては怒りが創造性につながる場合があるというわけで、怒りの感情はすべてよくないというのは偏見である。

**3　仕事の効率を上げるためのツールとして怒りが役立つこともある**　誰も独裁者の下で暮らしたいとは思わないが、時にリーダーが少々いらだちを表すことによって、部下がてきぱき働き始めるということがある。親たちは、それが時に子どもたちに効を奏するということを知っているし、職場の上司たちも同様である。英国で建設管理者を対象に行われた調査では、「管理者が怒りを表出することは、誤りで逆効果の場合もあるが、状況によっては最適な方法でもある」と結論づけている。ある管理者はこんな風に話している。

少し前、プロジェクト会議の場で、私は構造技術者に対して少々怒りを表しました。相手が正当な理由もなしに、都合のいいように契約内容を変えようとしていて、しかもそういうことが以前からよくあったからです……残念ながら会議は感情的なやりとりに終わりました。しかし今振り返ってみて後悔はありません。なぜかというと、それで問題が一気に解決したからです。

「あとで後悔するような暴言」と「有効に働く怒り」を分けるものは、怒りの大きさではなく、状況である。怒りの表現が功を奏することもあると考えるマネジャーたちも、それを部下に対して多用するのはよくないと思っている。1人のマネジャーがそこをうまく説明してくれた。

怒ったことは確かに効き目がありました。思った通り、部下たちはすぐ現場に出て行って、私が言わなかったことまできちんとやっていました。すべてうまく行きました。しかし四六時中これをやったら、つまり私が常に怒鳴り散らしていたら、やがて効果がなくなるでしょう。こういう手はごくたまに使えば効き目があると思います。

**4 交渉の場面で怒りが役立つ場合がある** 数人で何かの問題を解決しようとしている時、怒りは話し合いを進展させる働きをする。ある実験では、参加者たちに携帯電話をできるだけ高い値段で売るという仮想の交渉をしてもらった（その成果に応じて実際に参加者に報酬が与えられる）。売り手（参加者）がまず価格を提示し、買い手が対案の価格を示すというやり方だ。参加者たちはそれぞれ、「怒りを表わす買い手」「終始機嫌のいい買い手」「普通の買い手」のうちの誰かと交渉させられる。

その結果、怒りを表す買い手に対しては、売り手はあまり強い要求ができなかった。売り手は3回目の交渉ですでに折れ、20パーセントという大幅な割引を提示した。さらに6回目の最後の交渉で、期待された利益の33パーセントに当たる値引きをしぶしぶ承知した。研究者たちはこの結果をもとに、怒る人は相手に強い人だと思われるため、その時点で相手より優位に立てるのだと結論づけた。このように、怒りを表すことで、ある種の力比べを自分に有利な方に傾けることができる。機嫌がいい人の場合は、ここまで有利にはならなかった。

とはいうものの、有利な取引をしようとして怒りを戦略的に使っても、それだけでうまく行くことはない。この交渉の実験を行った研究者たちは、怒りを演じることはやめた方がいいと警告していて、そのことを実証している。ある実験で、ベテランの俳優が真正な怒りではなく上っ面だけの怒りを演じたところ、戦略は逆効果に終わった。売り手である参加者は、相手が怒りを演じていると見抜くと、さらに強気に出た。相手が信用できないと見たからだ。

現実の世界に戻って、バラク・オバマのケースを見てみよう。皆さんがどの政党を支持しているかにかかわらず、歴代の多くの大統領に比べると、オバマが柔らかい印象を与えることは否めないだろう。話しぶりは滑らかで、落ち着いた低い声で話す。2010年、英国のエネルギー関連企業BP社がメキシコ湾で原油流出事故を起こした時、オバマの態度は冷静すぎると批判された。彼はその後テレビで怒りを表明したが、この感情的な反応はかえって逆効果だった。人々が、大統領はうわべだけの演技をしていると見抜いたからだ。

**5　不正で不当な脅威に対する怒りは、人々を一致団結させる**　さまざまな自叙伝から読み取れるのは、不正に対して闘う気持ちを人々に起こさせるものは「怒り」だということである。怒りは、エンジンの燃料に火をつける点火プラグのようなものだ。マーティン・ルーサー・キング師はかつてこう言った。「もっとも重要な仕事は、人々を組織してまとめ、彼らの怒りを、物事を変える力にすることである」。また、W・E・B・デュボイスを、学者から強力な公民権運動指導者に変えたのも、怒りだった。搾取と人種差別が公然と行われていた時代に、彼の研究はどれほど優れていても認められなかった。デュボイスは自伝の中でこう書いている。

研究が非常に順調に進んでいた時、その研究計画をとん挫させる出来事が起きました。それは無視することのできない赤い光でした。飛び上がるほどに驚いたのを覚えています……こんなニュースでした。サム・ホースという黒人がリンチに遭って殺され、その拳が食品店のウィンドウに飾られているというのです……私は仕事が手につかなくなりました……黒人たちがリンチされ、殺され、飢えているというのに、現実を離れて静かにのんびり学者をやっていられるでしょうか。

この後には、最終的に怒りが自分を行動に駆り立てたということが記されている。彼は黒人の権利獲得をめざす「ナイアガラ運動」を起こし、これがやがてNAACP（全米黒人地位向上協会）に発展する。

バートランド・ラッセルは、第一次世界大戦時の「良心的兵役拒否者」たちのための運動を振り返って「兵役を拒否して処刑される若者たちに絶望感に満ちた愛しさを覚え、ヨーロッパ中の施政者に対して怒りを感じた」と述べている。また、ヘレン・カルディコットは、「無性に腹が立った」時に、平和運動家としての第一歩を踏み出したと述べている。彼女の怒りに触発されて、社会運動の時代が訪れるのである。

怒りが生じる時というのは、自分や自分の大事な人たちの平和な暮らしを脅かす差し迫った脅威があり、それを阻止あるいは除去しなければと感じる時である。利他的行為はしばしば怒りから生じる。何かの信条のために人々を動かし支援を生み出そうとする時、怒りに勝る力強い感情はない。親切心、共感、愛情、公正さなどと、怒り、激情、嫌悪などが対立する概念だと考えるのは間違いである。「怒りのない社会が健全な社会」という誤った思い込みによって悪者にされがちだが、「怒り」は社会を動かす力強い要素なのである。

怒りに対する根強い偏見は、多くの場合いわれのないものだ。確かに怒りは、強く激しい感情である。怒ることに慎重になるのは賢明で、怒りを多用するべきではないし、誰にでも使うものではない。自分の福利を妨げる人間がいる時、その考え方に対して怒りを表明するにしても、礼節を保って怒るべきだ。それによって生じる結果を予測すれば、状況に合った一番効果的な怒り方ができるようになる。これらの警告をした上で我々が言いたいことは、**心からの怒りを表現することは、特定の状況で特定の人間を相手にした場合においては適切な行動である**ということだ。

## 正しい怒り方

怒りなどのネガティブ感情を表す時は、まず「不快感の通告」から始めるのもひとつの方法だ。相手にこちらが強い感情を味わっていることをはっきりと知らせ、そのために明解なコミュニケーションを行うことが普段よりも困難であると通告するのである。最初に謝ってしまうわけだ。といってもこちらの感情や行動について謝るのではなく、これから自分が言うことが明快さを欠くかもしれないことについて謝る。たとえばこんなことをまず言う。「今ものすごく気持ちが高ぶっているので、自分の気持ちがうまく言えないかもしれないけど、それでもこれだけはぜひ言わなくちゃならない……」

「不快さの通告」を行う目的は、相手の敵意を和らげ、相手が防衛的になるのを防ぐことである。人は、こちらが不快感を覚えていてそれをうまく伝えられないと知ると、共感を持って話を聞いてくれることが多い。このように話し始めてから、なぜ不愉快なのか、自分がどう感じ何を思ったか（怒りの感情がどうして生じたのか）を掘り下げて語ればいい。

怒りの感情やその他のネガティブ感情を表すことに別に抵抗がないという人も、その怒りが本物である場合は、この「不快さの通告」を使うことを勧める。その目的は、相手の行動や感情に変化を起こし、こちらの言いたいことがよく伝わるようにすることである。適正にコントロールされた怒りを表すことによって、脅威や妨害を取り除く道が開けることがある。また、「マイクロアグレッション（微細な攻撃）」とでもいうような、ちょっとした「怒りのしぐさ」によって、自分がどのくらい不快かを示してもいい。といっても、テーブルに手を強くつくとか、拳を握るとか、その程度のことだ。

脅威が迫っていてそれを阻止しなければならない時には、怒りを表すことが大事である。でもまだ得心がいかないという人のために、こんな研究結果も紹介しよう。ミシガン大学公衆衛生学部のアーネスト・ハーバーグとその研究チームは、怒りに関する長期研究で、同じ成人参加者たちを数十年も追跡調査している。その結果、不当な扱いを受けた時に感じた怒りを押し殺すタイプの男女は、相手の不愉快な行動に対して怒りを表わすタイプの人たちに比べ、気管支炎や心臓発作を起こす確率が高く、寿命が短い傾向があると結論づけている。

どうすれば怒りの感情を有効に表わせるかの見極めは、特に対人関係において難しい。まずは、怒りを制御したり回避したりしようとして、「この怒りを鎮めなくては」「この腹立ちは自分だけの心にしまっておこう」「こんなことで腹を立ててはいけない」などと自分に言い聞かせるのはやめにしよう。それより、その状況が変えることができるものか、自分のコントロールが及ばないものかを考える。たとえば旅行に出かけた初日に、防寒用の帽子を失くしてしまったとする。こんな状況は変えようがない。従って怒りを表してもしかたない。しかし蚤の市で帽子を買おうと値段を交渉していて、相手が前のお客が払ったよりも高い値段を告げたので頭にきた、というような時には状況を変える余地がある。

では不快感や怒りを適切に伝えてよりよい結果を得るには、どうしたらいいだろう。『アンガー・ディスオーダース（未訳）』の著者で心理学者のハワード・カシノブは、「相手を威嚇しない適正な声の調子」を使うのがコツだという。次に、状況の動きをゆっくりにすること。人はカッとなると、飛び出して行ってすぐに行動しようとしがちだ。そういう時には、怒りには緩急2通りあるということを思い出そう。いきなりわめき立てた方がいい場合もあるが、怒りによって戦略的に相手を動機づけるほうがいい場合が多い。怒りを感じた時は、相手がこちらの反応を待っていても、ちょっと一瞬、間をおこう。わざと反応を遅らせていると相手に思わせてもかまわない。慌てずに賢明な判断をするのである。かっとなったら、間を取り、深呼吸をして、一瞬考える。すぐに反応するよりも、自分の力とコントロールをより有効に行使できる。ちょっと間を置くことで怒りが鎮まるようならそれも結構だが、それが目的ではない。感情的な状況の中で、より広い選択肢の中から自分の行動を選ぶためである。

チェスをする時と同じだ。こちらがどういう態度に出れば、相手はどう反撃し、状況がどうなるかを二手先まで読む。うまく行きそうならその手を使い、まずい結果になりそうなら、別の手を同様に考察する。その間も常に「怒りを表すことが状況を改善するか、それとも余計に悪くするか」と自問する。ただ、誰かと直接対話しているような時には、そのゆとりはないだろう。感情も態度も常に変動するので、決まった対策はない。ある時点では状況を語って自分の正しさを主張することもあるだろうし、相手との絆を深めるために相手の言った腹の立つ言葉を無視することもあるだろう。

非常に腹を立てている時というのは、相手を攻撃しなければこちらがひどい目に遭うと思っているようだ。心理学者ジョン・リスキンドは、自制心をなくすほど感情的になる人を治療する専門家である。彼は、脅威を感じる状況の速度を落とすテクニックを考案した。リスキンドは、「怒りを感じること」自体が問題なのではなく、状況がどんどん悪化し、危険が増し、それに対して何かできる余地が急速に失われていくかのように思い込むことが問題だと気づいた。危機が差し迫っているという感覚に襲われると、その脅威を取り除くためにすぐに何かをしなければと思ってしまうのである。ところがそうやって感情を爆発させると、結局状況はいっそう悪くなる（スーパーのレジ待ちの列に横入りした人を殴ってしまったらと想像すればわかる）。

まず怒りが増しているか、収まっているか、一定であるのか、自分の怒りの状態を頻繁にチェックすることだ。それを知るためには、怒りの程度を、速度表の数字や言葉で表してみる。

| | |
|---|---|
| 時速145キロ以上 | 怒りが爆発する、暴力を振るう |
| 時速140キロ | 激怒する |
| 時速130キロ | かっとなる |
| 時速120キロ | 憤慨する |
| 時速105キロ | 憤る |
| 時速100キロ | 怒りを覚える |
| 時速90キロ | 頭にくる、腹立たしい |
| 時速80キロ | 心をかき乱される |

時速70キロ　　　　　むっとする、いらつく
時速65キロ　　　　　気分を害する
時速55キロ以下　　　冷静、穏やか、落ち着き

自分の怒りが制限速度をゆうに超えているような時は、自分を怒らせた相手に対して、できるだけ柔軟で自制の利いた行動が取れるように、少しゆとりが必要だ。怒りの時速を落とそう。高速では制御することができない。頭の中でブレーキをかけることを想像するといい。すると相手とのやりとりが、時速140キロから105キロくらいに落ち、さらには90キロくらいまで緩やかになる。その時の自分と相手の姿をイメージしてみよう。おそらくすぐそばに迫っていた相手の身体が少し離れただろう。そして相手が何を言っているかを注意して聞き、しぐさに表れる言外のメッセージを読み取るようにする。速度を落とせば、自分を怒らせている相手に話し合いの意思があるのか、まったくないのかもわかるし、こちらを攻撃したいのか、行き違いを解決したいと思っているのかもわかる。

このように速度を落とすことを想像するとどんな気分になるだろう。リスキンドは怒りについてこう言っている。「怒りを感じる時には、するべきことが多すぎて、時間がないような気持になっているものだ」。脅威の速度に注目するこのエクササイズをすると、気持ちの上でゆとりが生じて、少し息がつける。皆さんも必要に応じて使ってみてはどうだろう。その目的

は、怒りとどううまく付き合っていくかを知ることである。

## ネガティブ感情2——罪悪感と恥の意識

現代社会は「罪悪感」を、肥満と同じくらいに、不健全で社会的に受け入れられない悪い状態だと考えている。体重が増えると罪悪感を覚えることが多いのはそのせいかもしれない。そして人に罪悪感を抱かせることは、卑劣な行為だと考えられている。心理セラピストは患者の罪悪感を和らげようと努力する。自己啓発の指導者は、「罪悪感など捨てなさい」と勧める。ライフコーチは「〜しなければならない」という言葉を毛嫌いする。

我々はむしろ「罪悪感」が負わされたこれらの汚名を拭いたいと思っている。罪悪感を覚えることが常にいいというわけではないが、罪悪感は時に有益な働きをする。たとえば、罪悪感を覚えている人は、そうでない人よりも、自分の生き方をよりよく変えたいと思っている。

ダグ・ヘンシュは40歳過ぎの男性で、強い組織リーダー育成の仕事をしている。彼にとって何よりの楽しみは、9歳の息子のアメフトチームのコーチをすることだ。ことに、ザンダーという子を指導したのは楽しい経験だった。この子はガーナからの移民で足が速く、筋肉質で、運動能力に優れている。ところが、その恵まれた資質をフットボールに活かす代わりに、ペットボトルの水をほかの子に浴びせたり、唾をつけた指を相手の耳に突っ込んでみたり、悪さばかりしていた。ダグはついに我慢できなくなって、チームミーティングを招集して子どもたちと話をすることにした。

ダグはこのミーティングのことを考えると気が重かった。彼はそれを隠さずに、まず「不快感の通告」から始めた。「私は親でありコーチでもある。だけどみんなと同じように9歳からフットボールを始めて21歳までやっていた。だから腹を立てているコーチと話し合いなんかしたくないという気持ちはよくわかる。私自身こういうのは苦手なんだ」。ダグはさらに言葉を継いだ。

チームの仲間をよく見てごらん。みんな毎週、打ち身を作り、泥や汗にまみれ、息を切らし、時に吐きそうになりながら、がんばって練習しているよね。ひとつこんなことを考えてみてほしいんだ。「自分がしていることはチームの役に立っているだろうか、それともみんなの足を引っ張っているだろうか」って。

1分間ほど間を置いたあと、ダグは1人ひとりに、今日の練習で自分がチームの役に立ったと思うことを1つ挙げるように言った。次に再び全員に、このシーズン中に自分がチームの足を引っ張ったと思うことを、些細なことでも1つずつ挙げさせた。誰もが何かしら言うことがあった。最後の子が話し終わった後、ダグはこう言った。

チームのためにならないことをすると、仲間の足を引っ張ることになる。仲間は、君を守り、君のために闘っている。怪我するかもしれないのに自分の倍もあるような敵にぶつかって行って、君がプレーできるようにしてくれることもある。私は、今日みたいな質問をこれからも時々しようと思う。自分がチームの足を引っ張っていると思っても、落ち込むことはない。だけど自分でそれを何とかしてほしいんだ。わかったかい？

小さな頭が一斉にうなずくのを見て、ダグは彼らに集まるように言った。子どもたちは手をつないで大声でチームの名前を3回叫んだ。

ザンダーは先発メンバーからは外された。しかし次にフィールドに立った時には、ボールを奪い、80ヤードを走り抜いてタッチダウンを決めた。そのおかげでチームはシーズン最初の勝利を手にした。そしてザンダーは、悪ふざけも面白いが、それよりチームのために貢献するほうが、仲間からもっと尊敬されるのだと気がついた。そうなると練習にも熱が入り、自分が出ていない時はサイドラインから声援を送るなど、これまでとはまったく違う態度を示し始めた。ダグは、ザンダーが責任感を持った人間に成長することを望み、自分の不快感を隠さないことと、彼に少しばかり罪悪感を覚えさせることによって、それを成功させた。

我々も大学の講義で、ダグの質問を真似して使ってみた。「君たちの行動はクラスの役に立っているだろうか、それとも足を引っ張っているだろうか」。それからわが家の子どもたちにも試してみた。「君がやっていることは、今の状況をよくしているか、悪くしているか」。また人付き合いの苦手な心理学者である我々は、人と話をする時に自分にも問いかける。「自分の言動は、この人間関係にとってプラスだろうかマイナスだろうか」。みなさんには、罪悪感を覚えた時にこんな風に自問してみることを勧める。「今感じている罪悪感は、自分がよりよい、強い、賢い人間になるために、役に立つだろうか、それとも逆に自分の足を引っ張っているだろうか」

著名な臨床心理学者ジューン・タングニーは、犯罪抑止のカギは罪悪感を含めた道徳感情ではないかという仮説を、10年近くにわたって追求し続けた。タングニーは最近の研究で、罪悪感を覚える傾向のある服役囚はそうでない者たちよりも、過去の過ちのために深く苦しんでいることを明らかにした。彼らは進んで罪を告白し、謝罪し、自分が起こした問題の後始末をしようとする。出所後は、再び悪に手を染めて逮捕されることも少ない。統計上、元服役囚の再犯率は大変高いが、罪悪感の強い服役囚に限って言えば、彼らは二度と罪を犯そうとしない。

道徳心に罪悪感が加味されると、人は対人関係に気を配る思いやりのある人間になろうとする。この罪悪感の利点は、服役囚だけでなく広く一般社会にも当てはまる。たとえば、罪悪感を覚えやすい成人は、飲酒運転、盗み、薬物使用、他者への攻撃などをすることが少ないという調査結果が報告されている。人格というのは「誰も見ていない時にその人が何をするか」に表れると考えると、罪悪感という道徳感情は人格の基礎を形作るものといっていいだろう。罪悪感の価値を軽視したのでは、親も学校も、健全な社会を担うよい子どもたちを育てる仕事が至難の業になる。

罪悪感の利点が世の中で広く理解されなくなったのは、「罪悪感」と「恥の意識」が混同されてしまったからである。アメリカン・ヘリテージ英語辞典によれば、罪悪感とは「過ちに対する自責の念」であり、「自分の行動が不十分ないし誤りだったと感じることによる自己非難」である。恥の意識はそれとは別のものだ。人が恥の意識を覚える時には、単に自分の行為を過ちや悪行だったと考えるだけではない。自分自身を基本的に悪い人間と感じるのである。罪悪感の場合、悪かったという認識は特定の状況に限られる。しかし恥の意識は、自分という人間そのものをネガティブに捉える。「罪悪感」は役に立つ。しかしその親類の「恥の意識」はあまり有益ではない。罪悪感は限定されるが、恥の感情はずっと広い範囲に及ぶ。

自分の失敗や過ちに対して、同じ心を痛めるにしても、有益なやり方と無益なやり方がある。有益なネガティビティをツールとして使う方法を理解するために、「恥の意識」と「罪悪感」の違いをもう一度確認しておきたい。次頁を見てみよう。

「恥の意識」はその人を苦しめる。自分を嫌いになり、変わりたいとか身を隠したいと望み、時には自分を消し去りたいと思う。「罪悪感」を持つ人は、過ちから学ぼうとし、よりよい人間になろうと考える。自分の罪をカードに書いて首から下げようとは思わないが、自分の過ちを絶対に隠したいとは考えない。それは、自分のせいで起きたダメージを修復したい気持ちが

## 恥の意識とは

・自分という人間全体に注目する
・自分自身を不快に思う
・なぜ自分はあんなことをしたのかと自問する
・強い苦悩と欠陥意識に苛まれる
・悪い結果に対し、自分は何もできないと思い込む
・身をすくめ、現実を避け、逃避したいと願う
・隠れたいと思い、それができないと（自分あるいは他者に対し）攻撃的になる
・他者を責める（スケープゴートを探す）

## 罪悪感とは

・自分の行為とそれによって傷ついた人たちに注目する
・自分がしたことを不快に思う
・なぜ自分はあんなことをしたのかと自問する
・心の痛みはそれほど強くない
・悪い結果に対して自分には何かができると思う
・緊張感と後悔を覚える
・ダメージを修復し、償いをしたいと思う
・悪かったのは自分だと思っている

あり、二度とそういうことがないように努力する意思があるからだ。一方、「恥の意識」の場合は、その暗い影がいつまでもつきまとう。前述の調査で、成人参加者たちが、後悔の念を再び味わうことを避けるためなら、かなりの金額を払ってもいいと答えていたのを覚えているだろうか。その理由を考えてみよう。

ある人が、最後にウィスキーを口にしてから6か月近くたった。これだけ断酒を続けられたのは、AA（アルコール依存症の人々の自助グループ）のおかげだ。ある日彼のところに、最近断酒に成功したメンバーの話を聞きたいと、見知らぬ人が連絡してきた。依存症の会では個人的な問題についても話すことが普通なので、その人は承諾し、ビデオに撮ることも了解した。質問者は、どうして酒を飲み始めたのかとか、飲酒が人間関係にどのような影響を与えたかなどと尋ねた後、「最後に禁を破って酒を飲んでしまい、その後で後悔した時のことを話してもらえますか」と聞いた。苦々しい出来事を思い出すのは辛かったが、その人は正直に答えた。その後しばらく質問者は何も言ってこなかったが、4か月後に再び現れ、カレンダーを取り出し、あの面接以来いつどのくらい酒を飲んだかを教えてほしいという。内容も名前も公表されることはないと言われ、その人はカレンダーに事実を書き込んだ。

これは、最近実際に行われた調査である。面接を行ったのは、ブリティッシュコロンビア大学の研究者ジェシカ・トレイシーと、弟子で大学院生のダニエル・ランドルズである。これは実にクリエイティブな調査だ。彼らは、断酒中の飲酒について話をする時に「恥の意識」が表現されている度合いと、断酒したばかりの人が誓いを破って再び酒に溺れるようになってしまうこととの関連を探ろうとしたのである（恥の意識は、肩を落としたり、胸を抱え込むように縮こまったりする態度に表れる）。

研究の結果を知れば、皆さんは唖然とするのではなかろうか。断酒したばかりで酒に手を出してしまった成人メンバーのうち、面接中に「恥の意識」をまったく表わさなかった人たちがその後口にした酒は、4か月間で平均7・91杯だった。一方もっとも激しく「恥の意識」を表した人たち（上位10パーセント）は、その後の4か月間に平均117・89杯飲んでいた。酒をやめられない自分を強く恥じている人の方が、立ち直ることがはるかに難しいのである。

## 過ちから成長が生まれる

誰でも過ちを犯すことはある。病気の同僚に花を送ることをみんなから頼まれていたのに、うっかり忘れてしまった。ゴミは放置するし庭の手入れもしない隣人の悪口を言っていたら、あとでその人が肺炎で寝込んでいたことを知った。そんな時は当然ながら「罪悪感」を覚えて気持ちが晴れない。しかし、その時は落ち込んだとしても、長い目で見れば自分の成長にとってそれがよかったという経験を、皆さんもしてきたのではないだろうか。罪悪感はまた、その人の周囲にも恩恵をもたらす。心理学者ロイ・バウマイスターは「罪悪感によって落ち込んだ人は、そういう気持ちを和らげるために、パートナーや同僚のために尽くすようになる」と言う。罪悪感によって、自分の行動が人にどういう影響を与えるかを学び、次からは気遣いができるようになるのである。

一方「恥の意識」を持つと、問題はむしろ悪化する。誰かを辱めてその行動を改めさせようとするのも間違いだ。子どもをしつけるつもりで、「僕はパソコンでポルノを見ました」と書いた札を持たせて近所を歩かせるなどという罰を与える親たちがいるが、ぜひこの部分をしっかり読んでもらいたい。また、飲酒運転のドライバーを罰するのに、そういう前科があることが一目でわかる特別のナンバープレートを義務づける裁判官たちにも、再考を促したい。小学1年生の教室で、どの子が何回友達を叩いたり噛みついたりしたかを書いた表を張り出すような先生にも、わかってもらいたい。そんな方法は、行動の改善に決して結びつかない。そんなことをしても思いやりある社会の一員になりはしない。このことは研究によって明白だ。恥をかかせればかかせるほど、その人の不安と攻撃性は増大し、周囲から孤立していく。罰として恥をかかせるというのは、悲惨な逆効果を生み、やめさせようとする行動をかえって助長することになる。

相手に改心させたいのであれば、辱めるのではなく「罪悪感」を持たせるべきだ。心理学者ジューン・タングニーはこう言っている。「自分がしたことを気に掛けるからこそ、罪悪感を覚える。傷つけられ攻撃された人も、相手が罪悪感を覚えたことがわかれば安心できます」

行動が誤りだからといって、それを行った人が欠陥人間であることにはならない。過ちを犯した時は、責任を感じ、傷つけた相手の痛みを感じ、害をもたらした自分の行動を、ありのままにしっかりと見つめればいい。やってみて間違いだったり、失敗したりしたら、心を痛め、次からは周りをもっと気遣えるようになればいい。

## 「恥の意識」を持たせないために

皆さんは思いやりのある人だと思うので、間違いをおかした人に「恥の意識」を生じさせることなく「罪悪感」を活用するにはどうすればいいかをお伝えしたい。

**1　何をめざすのかを常に考える**　間違いを犯した人を、個人攻撃してしまうということが起こりがちだ。よく考えずに、その過失を当人の価値観の欠如、愚かしさ、欲深さなどの「性格的欠陥」と一緒くたにして責めてしまいやすい。誰だって欠陥人間だとは言われたくない。だがその行為が間違いだったという批判なら、心を開いて受け入れられる。その人の強みや徳性が明らかならば、その長所を強調した上で、過ちの責任を指摘するのがいい。そうすれば相手は納得してくれる。

**2　共通の理解を持つことから始める**　誰かが間違いを犯したら、まずその人の価値観や目標を理解していることを示す。その上で、相手の行動はその価値観に合わないもので、別のもっと健全な行動がふさわしいと話す。あるいは前に述べたように、こちらの不快感を伝えて気持ちを共有する。これはそんなに簡単ではなく、相手の間違った行為を見逃してしまった方が楽だと思うかもしれない。過ちを指摘することは、後悔している当人にとってはもちろんのこと、する側にとっても気分のいいものではない。だが、そのフィードバックを定着させて相手の今後の行動を改善させようと思うなら、自分もいい気分ではないということを率直に言った方がいい。

**3　相手をコントロールするのではなく、自主性を持たせる**　一般に考えられているほどには、人は「何かをしろ」と言われることを嫌がらない。たとえば、家族から「ゴミを出して」と言われれば、皆さんは気持ちよくそうするだろう。「報告書はいついつまで」と言われれば、ちゃんとその通りに提出する。頼まれた買い物は「やることリスト」にきちんと書き込む。人が嫌がるのは、それをどうやるかをこまごま指示されることだ。ゴミ袋を置く位置が悪いと言われたら不愉快だし、何週間もかけて書いた報告書の体裁についてあれこれ言われたくない。スーパーでは品物の値段を比較して買うように、などと指示されたら面白くない。

人々のモチベーションについて研究している学者たちは、人間の基本的欲求のひとつで、衣食住のニーズと共に大事なものは、「自分の生き方を自分で決めたい」という欲求であると結論づけている。過ちを犯した人に向き合う時、この後どうするべきかまで指示してはいけない。それよりも、行動を改めるためにどんなことができるかを、当人に考えさせる方がいい。それが当人と被害を受けた人が一緒に作り上げるプロセスの場合には、過ちが最良の結果につながる。

## ネガティブ感情3——不安

不安の利点について書かれた論文も数多くある。ひと言で言えば、不安がない状況というのは、退屈で刺激のない状態でしかない。心が完全に冬眠モードになり、現在の活動から注意力、やる気、エネルギーが抜け落ちてしまう。当然ながら、企業のマネジャーたちはそういう状態を嫌がる。部下たちは退屈すると、仕事以外に刺激を求め、ビデオゲームをしたり同僚と軽口を叩いたりするようになるからだ。

一方で、不安が大きすぎる場合、人はそれに押しつぶされて何もできなくなってしまう。それが短期間で少し仕事の効率が落ちるくらいなら、最終的に問題はないが、長期にわたる強い不安は、よく知られているように、人の心身の健康に大きな悪影響を及ぼす。頻繁に大きな不安を経験すると、人は早く老け込んでしまう。染色体末端を保護しているテロメアが劣化するからであり、その変化は細胞レベルで観察することができる。従って、制御不能なパニックや慢性的ストレスにならない「やる気が起こる程度の緊張感」が望ましいわけで、小説家、芸能人、ビジネスリーダーなどは、人々にそういう「ほどよい量の不安」を与えることを目指している。それに関して、我々も異論はない。

だが話はここで終わりではない。人類の祖先たちは、太古のサハラにおいて狩猟採集の小さな社会を作って暮らしていた頃、不安を感じる特別の神経回路のおかげで生き延びてきた。自然淘汰によって作り上げられ、長い進化の歴史の中で発展してきたこの特別の不安プログラムは、ほとんどが無意識下で働いている。このプログラムのおかげで、私たちは問題をたやすく回避できるのだが、この働きはそれに見合う評価を受けていないようだ。

皆さんは、「ポジティブ感情は、思考と行動の幅を瞬時に広げる」という理論を耳にしたことがあると思う。逆に不安は思考と行動の幅を狭めるので、不安を感じている人は木を見て森を見ることができないと言われている。しかし不安に限って言えば、視野が広い方がいいわけではないと我々は考えている。重要なのは、脳に組み込まれたこの2通りのソフト（視野を広げる働きと狭める働き）のそれぞれの利点を活かすことである。では、危険が迫っていると感じて心の不安プログラムが働くと、どんなことが起こるのかを見てみよう。

以下は、皆さんの不安プログラムが働きそうな悪い状況の例である。

1　ある人があなたをみんなの前で散々に批判した。相手はそれによって自分の仲間内の地位を高めようとしているようだ。

2　恋人の様子がおかしい。夕食の約束に遅れてきて、一緒にいる間もぎこちなく話が途切れる。こんなことは今までなかった。

3　金銭問題について人と話している時、激しい動悸に襲われた。胸の辺りに経験したことのない変な感覚がある。

このような、不安心理を引き起こす状況を経験すると、生存に関係する脳の原始的部分はすぐさま、逃げるか、闘うか、じっとしているかという3通りの行動を検討し始める。このプロセスは無意識下で起こる。確かに多くの学者が言うように、現代人にとってこのプロセスは不要なストレスのもとである。もはや人間は、サーベルタイガーのうろつく原野で生き延びる必要はないからだ。

しかしこの、人の脳に刷り込まれた不安プログラムには、意外な利点がある。不安を感じていない時には表に出ない強みである。それは、不安を感じると知覚が高まることだ。視力が向上し、非常に遠くのものまで見える。聴覚も研ぎ澄まされ、周囲のさまざまな音の中から、一定の方向から聞こえる音を明確に聞き分けることができる。さらに問題解決能力も急に高まる。進化心理学者ジョン・トゥービーとレダ・コスミデスは、「ふつう、人が行かないような場所、廊下のクロゼットとか木の枝の陰とかが突然、身を隠すことのできる安全な場所として、際立って見え始める」と言っている。

不安に関するこれまでの議論に欠けていたのは、不安が個人だけでなく、家庭、恋愛関係、組織の成功をも促進するということだ。不安には次のような意外な事実がある。

・状況によっては、不安感の強い人が望ましい
・チームに1人は不安感の強い人間が必要だ
・不安がなければ、小さな問題があっという間に大惨事に発展する

創造性や革新性のためには過ちを犯すことも必要だということを、すでにお話ししたと思う。過ちを経験しなければ、人は学習も成長もしない。とはいえ、過ちの価値を過大評価するのも困る。過ちは早めに気づいて、人の命に関わるようなことが起きないうちに、教訓を学ばなければならない。そこで注目されるのが「不安の価値」である。

不安感の強い人は、炭鉱内のカナリアのような、あるいは歩哨《ほしょう》のような役割を果たす。誰よりも早く危険の兆候に気づいて反応することで人々を助ける。これは次のような「5つのS」の行動によってなされる。

・**怖れる**（Scare）　不安の強い人は、環境のわずかな変化も見逃さない。特に馴染みのない不明瞭な状況では、起こりうる問題に対して非常に用心深い。
・**ひどく驚く**（Startle）　不安の強い人は、危険のかすかな兆しにも、たちどころに強く反応

する（不審な物音や、何かのリズムが乱れることなど）。

・**人に告げる**（Share）　不安の強い人は、危険が迫っていることを速やかに他の人々に警告する。また他者の面倒を見たり気にかけたりする傾向が強い。自分の怖れを人に告げることによって気持ちが落ち着くからだ。

・**偵察する**（Scout）　他の人たちがすぐに協調してくれない場合、不安の強い人は自ら調査に乗り出し、さらに情報を集めようとする。それによって人々を説得し、仲間を集めて迫ってくる危険を回避しようとする。

・**そこから離れない**（Squat）　不安の強い人は、食事や睡眠など他の大事なニーズを後回しにしても、問題が解決するまで執拗にそのことに集中する。

もちろん皆さんは、年がら年じゅう不安でいたいとは思わないだろう。また、家族や職場の仲間がみな不安症でも困る。しかしすでにおわかりのように「人間アラームシステム」の存在は、非常に有益である。不安を持たない人は、潜在的な危険を知らせる微妙な兆しに気がつかないことが多い。そういう兆候が、心を占めているほかのことに比べて、たいして差し迫ったものに思えないからだ。

非常に面白い実験を紹介しよう。実験参加者たちにパソコンを使って何らかの作業をするように指示する。ところが彼らは作業中に誤ってウィルスを取り込んでしまったと思い込まされる。ウィルスは急速にそのパソコンのファイルに広がっていく。参加者は、急いでパソコンの持ち主であるマネジャーにその事態を告げに行き、応援を頼まなければならない。ところがその途中で、4つの障害にぶつかるように仕組まれている。

まず同じオフィスの職員の1人が現れ、簡単なアンケートに答えてほしいと言う。次に、別の人がマネジャーの居場所を教えてくれるのだが、その際にちょっとコピーを取るのを手伝ってくれないかと言う。マネジャーのオフィスにたどり着くと、そこには「しばらくお待ちください」という札がかかっている。最後にようやく、コンピュータ技術者のところに案内されるのだが、その途中ですれ違った学生がうっかり書類を床の上にばらまいてしまう。これら4つの障害はどれも参加者をつまずかせるために用意されたものである。

これらの障害を乗り越えるためには、不愛想さと自己主張する心の強さが必要だ。このどちらの特性も、不安の強い人は通常持ち合わせていない。しかし危機的状況においては、不安の強い人たちのほとんどが、なすべきことにぴたりと照準を合わせて、まっすぐに突き進んでいった。何を頼まれても断り、親切心もかなぐり捨てて、危険を知らせて警告し、ただちに救援を得ることができた。危機的状況では、不安感の少ないハッピーな参加者たちよりも、不安の強い人たちの方がずっと有能だった。

## 不安感がポジティビティよりも有益な場合がある

いつもポジティブ感情を持って暮らしていては、こういう「不安感の優位性」が得られない。この実験の結果、外交的で、社交的で、優越感を持つ人たちは、不安の強い人が示したような、ひたむきで強靭な意志がなかった。危険地域にいる場合、あるいは危険が迫る可能性があるのに、その兆候が不明瞭、複雑、不確定な場合、不安はポジティビティに勝る。そういう状況では、不安の強い人たちは速やかに解決の道を見出し、周りに他の人（家族、友人、職場の仲間など）がいる場合には、問題点を伝えて解決策を共有しようとする。どんなグループも、さまざまな性格や強みを持つ人が混在している方がうまく働くが、その中に少なくとも１人は、不安感の強い見張り番がいるのが望ましい。

### 不安をうまくコントロールして活かすには

１　不安が強い人の「危険を敏感に感じ取る特性」を、治すべき神経症としてではなく、「心理的な強み」と捉える風潮を生み出すことが肝心だ。不安感情の本来の価値を、世の中に明確に伝えていく。そうすれば喜び、成長、夢、希望の追求ばかりが重視される今の世の中に、バランスを取り戻すことができる。成功しているグループというのは、夢の実現をめざすことも、危険を避けることも含め、さまざまなモチベーションを持った人が混ざっているものだ。

2 問題点に耳を傾けることの大事さを常に人々に伝えること。情報チャネルづくりの中心となるリーダーは、さまざまな強みをバランスよく備えた人でなければならない。機敏な反応、明瞭な意思の伝達、説得力、豊かな人間関係だけでなく、さまざまなタイプの人の強みを理解して最良の解決策を見出せる能力が求められる。

3 問題を発見して危険を事前に取り除くという行動は目立たないが、それがもっと評価されるインセンティブ構造を作る。つまり、空港への武器持ち込みを阻止したテロ対策チームは、爆破直前に犯人を取り押さえた捜査官と同様に賞賛されるべきだ。メディアは個人をヒーロー扱いすることを好むが、それはその方が単純でセンセーショナルだからだ。だが組織は独自のやり方を考えるべきだろう。危険を察知して回避につなげた人たちにスポットライトを当てる機会を設ける必要がある。

4 脅威を、今「存在する」か「存在しない」か、だけで考えてはいけない。大きな脅威というのは、ゆっくりと始まって知らぬ間に進行し、気づかれることなく煙を発し、突然エスカレートするケースが多い。脅威を芽のうちに発見することがいかに重要かを考えてみよう。不安を持つことがいいことだとわかると、対立や不快感などについても、人々が楽に話し合えるようになる。

皆さんは子どもの頃に、自分が何かのスーパーパワー（空を飛べる、誰よりも強い、不死身である）を持っているつもりになって遊んだことがあると思う。**ポジティブ、ネガティブを含め、私たちのすべての感情がそれぞれの利点を持つことを考えれば、人にはスーパーパワーがひとつどころか、たくさんあるということがわかる。勇気を持たせてくれる「怒り」、道に外れた行いを正してくれる「罪悪感」、危険を見張っていてくれる「不安」などである。**

# 第4章

# ポジティブな感情には落とし穴がある

我々著者は、仕事でよく旅行をするが、飛行機でたまたま隣に座った見知らぬ人に自分の仕事をどのように話すかによって、そのあと何時間もの会話がどんなものになるかが決まる。単に「心理学者です」などと言うと、相手は急に本を開いたり、ヘッドホンをつけたり、眠ったふりをしたりする。また、「人の心に関する専門家なんです」と話すと、相手は悩みを打ち明けようとする。その結果こちらは、壊れかけている夫婦関係の詳細や、モチベーションに関するその人の持論などを、延々と聞かされることになる。眠ったふりをしていても、相手はかまわずに、自分が見た夢のなぞ解きをしてほしいなどと言う。時に私は思い切って、自分は一般的な心理学者ではなく、実は「幸福の研究」を専門にしているポジティブ心理学者だと明かすこともある。すると間違いなく、思い詰めたような返事が返ってくる。

「今より幸せになるためには、どんなことをしたらいいんでしょう」

幸福であることは望ましく輝かしい状態で、人は誰でもできるだけたくさんの幸福を積み重ねるよう努力しなければいけないという考えが、世の中に広く行き渡っているようだ。しかし幸福学研究の専門家の立場からいうと、真実はそう単純ではない。

ところで、いわゆる「幸福」という言葉を、私たちはどういう意味で使っているのだろう。一般の人に幸福を定義してもらうと、幸福をもたらす可能性のある事柄と、幸福そのものを一緒くたにして考えていることが多い。「幸福とは家族がいることだ」とか、「幸福とは感謝する気持ちだ」などと言う。家族も感謝も、幸福感にとって重要であることは間違いないが、実際に「幸福とは何か」「幸福な時はどんな気持ちになるか」「今自分が幸福だとどうしてわかるか」を説明するには、その定義ではまったく不十分である。

学者、哲学好きな人、読書会のメンバーなどさまざまな人たちに、幸福という心理的経験についてさらに突き詰めた定義をしてもらったところ、おおよそ共通するものにまとまった。まず幸福とは心で感じるべきものだ。喜び、情熱、満足感など、どのような言葉で呼ぶにしろ、基本的に幸福とは少なくともある程度は「感情」であり、したがって個人が主観的に体験するものである。「誰かが幸せそうだ」という時は、その人が頻繁にポジティブ感情を表していて、ネガティブ感情を見せることが少ないということだ。

また幸福感には、自分の人生に対する「判定」も反映される。1965年に、幸福研究の先駆者ともいえる研究者ハドレー・キャントリルが、こんな調査を行っている。調査参加者たちに、0から10までの目盛りのついたはしごを想像してもらう。はしごの最上段は自分にとって最良の人生、最下段は最悪の人生である。そして「あなたは今、何段目くらいに立っていると思いますか」「5年後には、何段目に立っているでしょうか」と尋ねた。最初の質問に答えるには、自分がどのくらいポジティブな思考を持っているかを集計しなければならない。また2番目の質問には、将来に対する楽観性が表れる。どちらも幸福感に深く関わるものだ。

幸福とは心の状態なので、それ自体は、計測したり調べたり高揚させたりすることができる。実際に、皆さんもそういうことを普通に毎日行っている。たとえば、夫や妻の様子に気づいて「どうしたの？」と尋ねたり、親しい友達に「イタリア旅行どうだった？」などと聞いたりするのも、相手の幸福度をチェックしているのである。心理学者たちはこれをもう少し専門的に、人々に同様の質問をして、数字の物差しを用いて答えてもらう。賢明な皆さんは、心の状態をそんな物差しで測るなんて、果たして信用できるのかと思っているかもしれない。学者たちも、自己申告だけでは信用できないとわかっているので、本人の友達や家族にも質問して評価してもらう。さらに、記憶測定、コンピュータによる反応時間テスト、日記などを用いたり、脳のスキャンや唾液中のコルチゾール測定など、生物学的な測定法を使ったりすることもある。これらの方法を総合的に、あるいはいくつかを組み合わせて用いることによって、その人の幸福の度合いが、ほぼ信用できる程度にはわかるのである。

現在、幸福熱がこれほど高まっている理由のひとつは、多くの研究によって、幸福は単にいい気分だというだけでなく、実際にその人にとって有益であるということが明らかになったからだ。ソニア・リュボミアスキーたちは、幸福に関する225もの学術論文を検証して、幸福感があらゆる実際的な利点とつながっていることを確認した。ポジティビティを頻繁に感じる人たちは

・シートベルトを着用するなど、健全な行動を取る
・収入が多い

・結婚生活がうまく行っている
・仕事において、顧客や上司からより高い評価を得ている
・より寛容である
・昇進の機会に上司から指名されることが多い

さらにもっと説得力のあるデータもある。幸福感と健康には因果関係がある、つまり幸福感が人をより健康にするというのである。シェルドン・コーエンたちはこれを実証するために、驚くような実験を行った。まず実験参加者たちに機嫌のよさを測る質問を行い、その上で同意を得て、ライノウィルス（もっとも一般的な風邪ウィルス）に感染させた。その後、参加者たちをホテルに隔離し、食事内容や人との接触を制御して、ほかの条件が加わらないようにした。この間、参加者たちの体温と血圧を測定し、粘膜を採取して調べ、さらに本人に、頭痛、体のこわばり、痛みなどの有無を質問票に記入してもらった。その結果、粘膜の粘り具合、免疫グロブリン値などの生物学的データ（客観的データ）から見ても、参加者の体調（主観的データ）から見ても、幸福感の高い人は低い人に比べて、風邪を発症する率が50パーセントも低いことがわかった。幸福感は、癌を治すことはできないが、免疫機能を高める効果は確かにあるようだ。

幸福の利点に関する研究は、着実に広がりを見せている。一般的な理論のひとつは、幸福は人間のもっとも自然な安定状態だというものだ。幸福な人たちは、社交的で、探索好きで、独

創的で、健康であることが多い。ここから、幸福が進化上の優位性だという考え方も現れ、幸福が万能の解決策のように喧伝されることになる。幸福感は非常に価値あるものに思えるので、実はマイナス面があるのだと言っても、にわかには信じがたいかもしれない。

幸福に関して興味深い警告を発したのは、京都大学の研究者、内田由紀子である。「日本人とアメリカ人の幸福に関する考え方の違い」に関する最近の研究の中で、内田はアメリカのハッ、ハッ、ハッ、ハッピークラブから袋叩きに遭いそうな問題提起をした。自国に生まれ育った日本人とアメリカ人に、「幸福というものは、どのくらいポジティブでどのくらいネガティブか」という質問をしたのである。アメリカ人は「幸福のポジティブ度」を、7点満点で5・4点と高い点数をつけた。一方で日本人は、悪くはないがそれよりはだいぶ低い5・1点だった。さらに興味深いのは、日本人は「幸福のネガティブ度」に、7点満点で4・7をつけたことだ。アメリカ人の場合は4・25で、統計学的に見ればかなり低い。皆さんは、なぜ幸福がネガティブになりうるのだろうと首をかしげているのではないだろうか。「だって幸福っていい気分のことでしょう?」

日本人が敏感に感じ取り、アメリカ人が見逃しがちだった「幸福のネガティブ面」は主に2つあった。ひとつは「社会の調和を崩す」(1人が幸福になればその影響が他者に及ぶ)であり、もうひとつは「現実回避」(幸福だというのは現実を見ていないから)である。これは単なる文化的な違いで、幸福に対する日本人の偏見にすぎないのだろうか。では幸福に関する実証的研究に照らして、この考え方をチェックしてみよう。

幸福が多くの面で有益であるということはすでに確認した。だが果たして、幸福には害もあるのだろうか。「ポジティブ感情に伴う対価」に関する初期の論文のひとつが、1991年、エド・ディーナーとイリノイ大学の研究者たちによって発表された。彼らはアメリカ的な幸福感に注目した。スポーツの試合などで見られる激しい熱狂、わが子がステージ上で演じるのを見る時の親の誇らしさ、新しい職に就いた人の強い昂揚感など、こういう「カウボーイ型興奮」に何らかの副作用はないのだろうか。

研究者たちは、あまりに強烈なポジティブ感情を経験すると、いくつかの面で問題が生じることを発見した。まず、「対比効果」である。強い昂揚感を経験すると、ほかのよい出来事がかすんで見えてしまう。たとえば、宝くじで100万ドルを当てたとする。その後スクラッチくじで100ドル当てても、「何だ……」という感じになるだろう。もうひとつは「キャリーオーバー（持越し）効果」である。ポジティブな経験を心の中で拡大する人は、ネガティブな経験も無意識のうちに拡大してしまう。勝利した時に大騒ぎして喜ぶ人は、うまく行かなかった時の敗北感にきわめて弱い。この1991年の研究は、幸福感を編集する傾向に、他に先駆けて重要な警告を示したものである。

## 幸福ブームは行き過ぎている

幸福も時によっては害があるという事実は見過ごされやすい。「ポジティブ感情」という言葉を聞くと、喜びにあふれて人を惹きつける心の状態を思い浮かべる。「ネガティブ感情」と聞くと、不愉快で非生産的で、周囲から嫌がられる心の状態が思い浮かぶ（気難し屋とランチを食べるのなんかごめんだ）。しかしポジティブ感情やポジティブ思考が、どんな時も常に有益であるとは限らない。「幸福の罠」というものがあることを理解して、そこに落ち込まないように気をつけよう。そうすれば人生の成功率は、さらに20パーセントくらい増えるはずだ。あまり注目されないが、幸福なマインドセット（心のあり方）に警告を発している研究結果をいくつか紹介しよう。

1　幸福は、長期的成功の妨げになりうる
2　幸福を追求したことがかえって逆効果を生み、不幸になることがある
3　ネガティブ感情を持つ方がいい場合がある
4　ほかの人が幸せそうだと、自分のやっていることに身が入らない

それではこれらの警告を1つずつ、詳しく見ていくことにしよう。

## 研究結果1――幸福は、長期的成功の妨げになりうる

心理学者の大石繁宏は各国の研究者たちと共同で、「幸福」という言葉が、30か国の最新の辞書でどのように定義されているかを調べた。そのうち24の国では、幸福という概念が、運命、運、幸運などと強く結びつけられていた。アメリカは例外的で、幸福はコントロール可能であり、自分で手に入れられる心の状態と考えられていた。アメリカ人の幸福に対するこのような見方は、人生に対する姿勢を反映している。しっかり計画を立てて一生懸命努力すれば、健康も、容姿も、配偶者も、職も、金も、休暇も、望み通りものが手に入るはずだとアメリカ人は考える。幸せと成功を結びつける傾向にはこの考え方が顕著に表れている。だから、「幸福が成功の妨げになりうる」などと聞くと、アメリカ人は神経を逆なでされたような気分になる。しかし、幸福が計測可能なマイナス面を持つことは、たくさんの研究結果が示している。

**1　幸福な人たちは説得力に欠ける**　幸福の問題点について先に進む前に、皆さんにちょっと基本的な質問をしよう。何かに関する考え方や行動を変えるように人を説得する時、皆さんはどういう方法を取るだろう。たとえば、自分が使っている歯磨きを買うように勧める、車のシートベルトをした方がいいと説得する、自分の応援する候補者に投票するよう頼む、不用品をリサイクルするように言う、などの場合である。こちらが望むような行動を相手から引き出す

ためには、こちらの考え方にはメリットがあって、他の考え方より優れているということを、相手に納得させなければならないだろう。

ロバート・チャルディーニのロングセラー『影響力の武器――人はなぜ動かされるのか』は、何十年にもわたる研究の結果から抽出した「自分の考えを他者に売り込む法」をいくつかの法則にまとめている。1つ目の法則は、「人は専門家を尊敬し、その指導に従う傾向がある」ということだ。テレビのコマーシャルでも、医者に商品の説明をさせているのをよく見かける。2つ目の法則は、「メッセージを具体的で詳細な形で伝えること」というものだ。興味深いのは、細かいことに関心が向く傾向は、あまり幸せでない心理状態の特徴だということだ。幸福な人はむしろ全体を見るため、細かいことは目に入らない傾向がある。心理学ではこれを「表面的な処理スタイル」という。この法則を当てはめて推測すると、幸福感を感じていない人たちは、情報を具体的な詳細に注目して処理する傾向があるために、幸福感を持つ人たちの表面的で抽象的なアプローチに比べ、より説得力のあるメッセージを生み出せることになる。

研究の結果もそれを裏づけている。3回にわたって行われたある調査では参加者たちに、日々の生活に密接な関係がある問題（たとえば、税金を投入して公園や遊び場を作ることなど）や、哲学的な問題（ソウルメイトは存在するか？　など）に関して、説得力のある主張を組み立てるように頼んだ。そして参加者が友人を説得する様子を、第三者が審査した。その結果、幸福感の低い人たちの主張は、幸福感の強い人たちの主張に比べ、およそ25パーセント説得力が高く、

20パーセント具体性に富んでいた。これも驚くべき結果だが、次に、友人ではなくまったく見ず知らずの人を相手に、公共政策問題に関する考え方を変えるように説得してもらった場合は、さらに大きな差がつき、幸福でない人たちの説得は幸福な人たちの2倍も効果的だった。

## 2 幸福な人たちは、人を信頼しすぎる

初めて会う人との間に信頼関係を築くのは難しい。X線やCATスキャンで相手の腹の内を探ることもできないし、このあと相手の態度がどう変わるかを正しく予想するのも難しい。従って、出会った相手の性格や正直さは、直感で判断するしかない。

心理学者ジョセフ・フォーガスはオーストラリア人研究者たちと共に、「表面的処理スタイル（詳細ではなく概要に注目する傾向）」を持つ幸福な人たちの「嘘を見極める能力」がどの程度かを調べようと考えた。嘘を見破るには、相手の表情、目の動き、使った言葉などに細かく注目する必要がある。調査では、参加者を1人ずつ部屋に案内した。部屋はうす暗く、テーブルの上に封筒に入った映画のチケットが置かれている。そのチケットを抜き取って出てくることもできるし、そのままにして出てきてもいい。参加者は、チケットを取ったかどうかは研究者たちにはわからないと言われ、取った場合はそのことを否定するように指示される。その場合、取らなかったことを研究チーム全員に納得させられれば、褒賞がもらえることも伝えられる。

簡単な横領のチャンスを与えられた参加者たちは、部屋から出たあと、聴取を受ける。「あなたはチケットを取りましたか?」もちろん参加者たちは全員否定する。その様子は撮影されていて、映像はこの実験に加わっていない別の参加者たちに見せられる。見せられた人たちは知らないが、否定した参加者の半分が嘘をついていて、残りの半数は正直に答えている。フォーガスによれば、ビデオを見た参加者のうち、幸福感が高かった人たちは、嘘をついた人の49パーセントしか見破れなかったという。これではコインを投げるよりも確率が悪い。しかしビデオを見せる前にあらかじめ気持ちが落ち込ませてあった参加者たちの場合は、62パーセントの確率で嘘を見破った。

これが現実の世界だったらどうだろう。仕事の空きポジションに応募してくる人が正直かどうかを見極める力が、今より13パーセント上がることを想像してみよう。相対する2人がどちらも自分の言うことが真実であると言い張っている場合に、その真偽を判断して解決することが13パーセント正しくできるとしたら? いつもポジティビティを感じるのが望ましいという考えに執着しなければ、それが可能になるのである。沈んだ気分(うつ状態ではない)があるおかげで、私たちは自前のウソ発見器を手にすることができる。これも、前章で述べた「人間が生来持っているスーパーパワー」のひとつである。

「でも、沈んだ気分がどうして役に立つのだろう」「仕事に行く前に沈んだ気分になった方がいいのだろうか」と皆さんは思っているに違いない。我々は、ことさらに自然災害の犠牲者の苦しみを思って気分を落ち込ませるように勧めているわけではない。何かを決断する重要な局面で自然に心の中に起こる感情を、大事にすることを勧めているのである。相手の言うことが真実なのか確信がない時や、人を信用していいのか悩む時、誰かを評価しようとする時には、ハッピーな気分であることはまれである。**決断しなければならない時、人は普通大まじめで、心の中に葛藤がある。こういう心の状態こそが、その行為にとって最適なのである。**

楽しい気分に戻らなければと、葛藤をさっさと終わらせようとしてはいけない。「ロングゲーム」に注目し、よい気分よりもよい決断を行うことに集中するべきだ。

**3　幸福な人たちは考えることをおっくうがる**　幸福感を持つ人たちは、外界からの情報を集めるのに大雑把で表面的なやり方で行うことが多い。つまり幸福感の少ない人たちに比べて、型にはまった意見を取り入れやすく、詳細が頭に残りにくい。この仮説は、次のような調査によって実証された。参加者たちに、あるテーマ（たとえば睡眠）に関連する15の言葉（ベッド、休息、疲労……など）を見せ、あとで、「睡眠」という言葉がその中に含まれていたかどうかを思い出してもらう（実は含まれていない）。幸福な人たちは、たやすくこの「ワナ」にかかり、誤った情報を記憶の中に取り込んでしまう。彼らは実際には見ていない言葉を思い出す割合が、幸福感の少ない人たちに比べて、なんと50パーセントも多かった。

もうひとつ別の実験を紹介しよう。講師と学生たちがいる教室に、興奮した様子の女性（実験スタッフ）が入って来て講師につかみかかり、激しい口論を始める。これは学生たちが、目撃したシーンに関してどれくらいの記憶違いをするかを調べる実験である。あとで学生たちに出来事の詳細に関して尋ねるのだが、質問にわざとウソの内容を含ませておく。「講師が自分の財布から何か取り出して女性に渡したとき、彼女はスカーフをいじっていたのですね？」（傍点の部分がウソ）。実験に先立って行われた調査で幸福感が高いと判定された学生たちは、低いと判定された学生たちに比べ、この「ウソの事実」を思い出した人が25パーセント多かった。幸せな人たちというのは、今の状態に満足しているために、身の回りにあまり注意を払わず、目の前で起きていることでもよく見ていないことが多い。こうなると、警官、消防隊員、医者、ベビーシッターのような人たちがあまりハッピーすぎるのも、考えものだということになる。細かいことにしっかり注意を払ってほしいなら、完全に幸せではない人を選んだ方がいいかもしれない。

また、幸せな人たちは考えることをおっくうがるため、ストレスのかかる状況では、ステレオタイプの考え方に頼りがちだ。2001年9月11日の同時多発テロ事件のあと、ある実験が行われた。参加者にパソコン上で「ファーストパーソン・シューターゲーム」をしてもらうのだ。参加者は、銃を持った人がスクリーンに映ったら発砲するよう指示される。次にもう少し難度が上がり、スクリーン上に現れるターゲットの半分はイスラム世界の伝統的なターバンを巻いており、残りの半数は巻いていない。どちらも銃を持つ割合は同じである。これは、幸福感の強い人たちがステレオタイプに惑わされやすいのであれば、ターバンを見た途端に誤って引き金を引くのではないかという実験である。その結果、幸福な人たちはターバンを巻いたターゲットに対し、それ以外のターゲットの3倍も多く発砲してしまった。幸福感の低い人はそういうことはなかった。

幸福な人たちは概して、親切で、感謝を忘れず、良き市民であることを大事に考えている。しかし身の危険が迫る状況で、ネガティブなステレオタイプが触発されると、それらの美徳も消え失せてしまうようだ。幸福な人たちは、深くしみ込んだ偏見から抜け出すことが難しい。「知的ショートカット」を使うのは時間とエネルギーの節約になるが、ここで見てきたように、状況によっては、目の前の詳細に集中できないことが、大きな過ちにつながりかねない。

以上のような研究の結果から、幸福というものの新たな側面が見えてくる。幸福が有益であることは間違いないが、これまで無視されてきた「幸福のマイナス面」も、指摘されるようになってきた。詳細に注意を払う必要がある仕事の場合は、幸せな人たちは分が悪いようだ。今現在幸福だと、いい気分を維持しようとするため、嘘を見破る能力が阻害され、判断ミスを起こしやすい。一方、少々ネガティブ感情が勝っている場合、いくつかの状況においてよりよい行動が取れる。たとえば、**相手が信頼できる人間かどうかをより正しく見極められる**（友人やビジネスの相手を選ぶ場合など）。**危機的状況にある時、詳細に注意を集中できる**（警官の仕事など)。**相手の意見を変えようとする時、効果的な主張ができる**(権威ある立場にいる人が日々必要としていること)。ポジティビティ全盛の趨勢に挑んだ研究のおかげで、特定の状況では、ネガティブ感情や思考によって人の可能性が最大限に発揮されることが明らかになってきた。

**研究結果2——幸福を追求したことがかえって逆効果を生み、不幸になることがある**

J・R・R・トールキンのファンタジー小説『ホビットの冒険』の映画化が、空前のヒット作になるらしいというので、ある人が何か月も前から楽しみにしていた。10代の頃に小説を読んで夢中になり、今も妖精とか小人という言葉を聞くとわくわくする。映画から得られる喜びや驚きを損なわないように、メディアの報道などは一切見ないようにして待っていた。映画を見る時間は素晴らしく楽しいものになるだろうと考えている。ところで彼には、同じくらい「ホビットオタク」の彼女がいて、オープニングは一緒に見ようと約束していた。彼女の方は彼と違い、映画の製作過程を詳細にフォローしてきており、ピーター・ジャクソン監督が作品を三部作に分割し、それぞれ1年ずつ間隔を空けて公開する予定であることも知っていた。また、監督が脇筋を自由に脚色するだろうということも予想していた。さて、彼と彼女のどちらが映画をより楽しんだだろう。絶対に楽しむぞという強い欲求は、彼により大きな喜びをもたらしただろうか。それとも彼女のように、映画のあらゆる側面を詳細に理解している方がより楽しめるだろうか。最新の調査結果を見る限り、おそらく彼女の方がより大きな喜びを味わうことになる。その理由のひとつは、彼女は映画を見ることで「幸福」を得ようとしていないからだ。

研究者たちによれば、幸福になることをめざして何らかの状況に参加すると、実際にはその目標が達成されにくいという。それを実証するために、ジョナサン・スクーラー、ダン・アリエリー、ジョージ・レーベンシュタインの3人は、実験参加者たちに次の4つの指示のうちどれかひとつをランダムに与え、その上でストラヴィンスキーの「春の祭典」を聴いてもらった。

1　聴きながら、できるだけ幸せな気分になろうとしてください
2　普段通りに聴いてください
3　聴きながら、どのくらい幸せか、気分が変化したかを、ダイヤルで示してください
4　できるだけ幸せな気分になろうとして聴き、その間の幸福感の上がり下がりをダイヤルで示してください（1と3の組み合わせ）

音楽を手段にして幸福感を得ようとした人たち（1）に比べ、ただ普通に聴いた人（2）の方が、ストラヴィンスキーの心地よいバイオリン音楽によって、4・5倍も多く幸福感を覚えた。つまりROI（投資収益率）が450パーセント高いということだ。明らかに、音楽を「手段」として使うというやり方は失敗だった。さらに、音楽を使って幸福感を得ようと努力した

だけでなく、その目標を達成したかどうかを記録させられた人たちは、単に音楽を聴いた人たちに比べ、7倍半も幸福度が低かった。

この研究が明らかにしたことは重要なポイントである。従来の「幸福は追求するものだ」という考え方では、何が自分に幸福をもたらすかを理解し、幸福という至高の状態に至るために必要なゴールを設定し、それに向かって努力し、その努力と進度を追跡することを勧めていた。しかし最新の研究結果が示しているのは、幸福をいちずに追求するのは、風呂の中で石鹸をつかもうとするのと同じで、やっきになるほど目標は手をすり抜け、ますます得ることが難しくなるということだ。

「幸福は追求すると逆効果になる」と実証した例をもうひとつ挙げよう。アイリス・モースとマヤ・タミルの2人の研究者は、成人参加者の2つのグループに、それぞれ別の新聞記事を読ませた。どちらも内容は手を加えてあり、ひとつは「最新の科学的研究により、幸福がよりよい人間関係、健康、職業的成功に結びつくことがわかった」という記事。もうひとつの記事には、幸福の効果について同様のことを述べた後に、「それらの利点は、正しい判断を下すことによって得られる」と書かれている。参加者たちはその後、コメディ映画を見せられる。幸福の価値に過剰に期待した人たちは、コメディを見たあと、失望を感じた。幸福になろうと思って映画を見たのにそれほどなれなかったからだ。

また同じ研究者たちが行ったもうひとつの調査では、成人参加者たちに質問票を渡し、幸福になることをどのくらい重要だと考えているかを尋ね、その後2週間にわたって日々感じるストレスの度合いを記録してもらった。ここでも同じ逆説が浮かび上がった。幸福になりたい願望がもっとも強かった人たちほど、孤独感が強く、憂うつで、目的意識も低かった。またポジティブ感情も少なく、プロゲステロンレベルも低く、EQ（心の知能指数）も下がっていた。

だがこれは当然なのである。他のことはおいて「幸福になりたい」ということばかり考えるのは、自己中心的な姿勢だ。自分の幸福感とポジティブ思考だけを大事にすると、他者のことは二の次になるので、恋愛関係、家族関係、友人関係の質も損なわれる。何人かで飛行機に乗った時に、「お客様だけファーストクラスの革張りシートと、アイスクリームサンデーがご用意できます」と言われたら、皆さんは「1人だけなら結構です」と断るだろう。愛情とは、人のために自分の幸せを喜んで犠牲にすることだ。また、誰かが愉快な話をしていたら、皆さんは頭の中で「これを妻や友達に話してやろう。きっと大笑いするぞ」と思って、さらに楽しい気分になるだろう。愛とは、他者の視点を取り入れてものを考えることだ。自分の幸福に価値を置きすぎることはその妨げになる。その結果、孤独などの不幸な副産物が手元に残る。

ただし、研究の結果は、幸福の価値を過剰評価することが問題になるのは一定の状況においてであることを明確に示している。「これで幸福になれる」といういい加減な主張が問題を起こす時というのは、低ストレスで一見心地よさそうな状況である。たとえばストラヴィンスキーの音楽を聴いて幸福になろうとすることだ。聴いている間に幸福感をモニターするようなことをすれば、不幸せな気分になるのも無理はない。これが、もし不愉快な音楽を聴いたのだったなら、幸福になろうとしてもしなくても影響はない。

モースとタミルの研究によれば、近頃ストレスの多い出来事が続いているという人の場合は、幸福になろうという努力が、ポジティブ経験や幸福感を減らすことにはならないという。これもまた納得できる。ストレス下では、幸福感を与えてくれるものに対する期待のしかたが平常時とは異なる。期待したほど幸せになれなくても、その理由はすでにわかっているからだ。他方、ストレスがそれほどなくすでにポジティブな人が幸せになる努力をすると、過度の幸福感を期待しがちで、それが得られなければ失望してポジティブ度が下がってしまう。つまり状況次第である。

幸福感の価値を過大に評価しすぎると、楽しそうに見えた出来事からも楽しさを感じることが難しくなり、余計な問題を抱えることになる。また大きなポジティブ感情を経験すると、その後に起きることがつまらなく思える。たとえば、月間売上トップで表彰されたとする。表彰状は額に入ってオフィスの壁に飾られ、同僚が温かい拍手で称えてくれた。喜びと誇りと達成感で胸がいっぱいになる。それが終わって自分のデスクに戻った時、妻と映画に行く約束をしていたことを思い出す。昨日まではあんなに楽しみだったのに、今はそれほど心が弾まない。次に、メールを開くと顧客からの苦情が入っている。すべて大文字のメールだ。いつもよりもはるかにうっとうしく感じられる。「こんなに素晴らしい気分を台無しにするなんて、この客はいったい何様のつもりだ！」。ポジティブ感情は急降下し、イライラが募る。強いポジティブ感情は非常に気分のいいものだが、それによって「幸福のベースライン」が上がってしまうために、他のポジティブな出来事に心が浮き立たなくなることを、研究結果が示している。

幸福感にむやみに高い期待をかけることは、また別の形でも、幸福や成功を損なうことにつながる。世の中は予想もつかない動きをする。あなたがたとえ礼儀正しく会話上手であっても、地下鉄でたまたま言葉を交わした人が、挨拶もせずさっさと降りてしまうこともある。コントロールできるのは自分の態度だけであって、相手の感じ方、行動、反応はその人次第である。ビジネスの世界でも、過去がどうであれ市場がこの先どうなるかは予測がつかない。初心者がたまたま株をやって金融の専門家より成功するのを見れば明らかだ。ところが、幸福感の強い人たちは、ポジティブな記憶ばかりをあてにする傾向がある。過去の成功が自分の実力だと思い、幸運や周りの協力のことは忘れてしまう。逆に失敗は状況のせいにして、どうしようもなかったのだと考える。こういう楽観的なバイアスがあると、幸福感とモチベーションを維持するには役立つが、過去の過ちから学ぶことができない。そしてさらに期待を膨らませて進んでいくことになる。

こういう傾向は、情熱的で、興奮しやすく、幸せになろうとやたらに頑張るタイプの起業家によく見られる。このマインドセットを持つ起業家は、非現実的なほどポジティブな期待を持っていることが多い。彼らは、

・自分のアイデアにほれ込んでいる（フィードバックを求めたり活用したりしない）
・自分の強みにほれ込んでいる（自分の弱みや状況の重要性を顧みない）
・自分の壮大な夢にほれ込んでいる（失敗を避けるために注意を払うべき詳細な点を見落とす）

こういうことは、起業家だけに限らない。大学に入って大喜びの学生、恋する2人、幸せいっぱいの親、過去の栄光にしがみつくリーダーなどにも、同じ問題が見られる。偏った記憶によって自分が達成したことを誇大視し、これから先もすべてうまく行くはずだと考えてしまう。

## 研究結果3――ネガティブ感情を持つ方がいい場合もある

空港の顧客サービスカウンターで、荷物が出てこないと訴えている人を見たことがあると思う。買った商品が壊れていたり服が合わなかったりしたときのように、荷物が紛失したりすると、私たちは余計な努力を強いられ、多くの場合は非常にいらだたしい思いをし、おまけに自己主張しなければならない。スーツケースがなくなるという状況は、誰にとっても煩わしいものだが、多くの人は「いい人」としてそれに対処する。サービス係に対して微笑みかけたり、意味ありげにウィンクをして見せたりして、「君が荷物を失くしたわけじゃない。君はここで働いているだけなんだから」などと言う。私たちは礼儀を心得た文明人なので、冷静さを失うことなく、誰の気持ちも傷つけないように行動できる。だが前章で述べたように、自分がイライラしていることを認め、手荷物を失くされたことに対する「怒り」をうまく相手に伝えることができれば、こちらの立場を効果的に主張できる。そうすると、フラストレーションにも長く耐えることができ、顧客サービスの担当者に通常以上の努力をさせ、紛失した荷物を見つけさせることができる。

これは単なる仮説ではない。購入した品物を返却する時などは、少しばかり怒りを見せた方がスムーズに行くことを、実証した研究がある。やりとりに関わる人がどんな人か、どのくらいの金額か、どのくらいの時間が経っているかなどにより、それが功を奏する理由は違う。しかしどんな場合にも怒りが効力を発揮するのは確かで、それは相手がこちらの不快感を理解するからである。怒りを見せると、相手は今こちらが話していることを真剣に聞こうとする。そしてきちんと対応しなければ問題になり、悪い結果（彼らの仕事にとっても、精神衛生上も）が起きる可能性が高いと理解する。それと対照的に、「怒り」の代わりに「失望」を表した場合は、それほど重大な問題ではないと軽くあしらわれてしまいがちだ。感情を表した方がよい結果を生む状況では、自分がどう感じているかよりも、何を達成したいのかに注目する方がいい。

人は「ネガティブ感情の機能」を直観的に理解していて、目標達成のために、幸福感よりもネガティブな感情を選んで使うということも、研究結果が示している。ある研究者たちは、対立的状況において「怒り」が有効に働くことを実証するために、こんな実験を行った。たとえば参加者たちに「違反者」（レストランの隣のテーブルで、禁煙表示を無視して煙草を吸い始めた人など）に注意をするように頼み、その前に好きな音楽を選んで聞くように言う。すると人々は、ケニー・ロギンスやフランク・シナトラのような心を鎮める音楽を選ばず、メタリカやラッシュのような怒りを含むハードコアを33パーセントも多く選んだ。つまり、人は誰かと対決しなければならないような時には、穏やかな気分でいるよりも、自分を興奮させた方が心の準備ができることを、無意識に理解しているのである。怒りが有効と考えた場合に、その怒りを増幅するのに音楽が使えるということも大事な発見だ。ハードロックを聴いた参加者たちは、自己主張がしっかりできるようになり、敵対的で攻撃的な相手とうまくやり合うことができた。

状況によって、ポジティブ感情とはかけ離れた感情や行動が必要になる場合がある。幸福感は人を親しみやすく、親切にし、他者とのつながりを深めさせる。それはとてもよいことだが、その他者がこちらの味方でないこともある。職場の誰かが自分のじゃまをしようとしていると知ったら、援助を求め、味方を作って、会議で自分の意見が不当に潰されないようにするだろう。他の人たちを説得し、反対する人を中立にまで持っていく方法を考えなければならない。そういう時には「悲しみ」を表現すると、自分が危地に立たされていて、助けが必要だということを有効に伝えられる。幸福を表現していたのでは、すべて順調だと思われるだけだ。助力を得なければならないのなら、幸福感を味わったり表現したり、不快感情を避けたりしている場合ではない。

損失や失敗を避けるために人を説得しなければならない時、悲しみが有効に働くということも、実は誰もが直観的に知っている。マヤ・タミルたちは、ボランティアの参加者たちに寄付集めをしてもらう実験を行って、そのことを確認した。2通りの方法で相手に協力を依頼するのだが、どちらの場合も、寄付をうまく集めるためには悲しい気持ちでいることが有効だと参加者たちは考えていた。

顧みられていないネガティブ感情の利点を活かして使うには、「不快な感情も役に立つ」と信じることだ。成功するためには、幸福感を味わったり表現したりしない方がいい状況にある時、それに気づくことが重要である。最近の研究で、以下のようなことが実証されている。

- **損失や個人的問題に対処するために援助を求める時、「悲しみ」は「幸福感」に勝る**
- **忍び寄る危険を警戒する時、「不安」は「幸福感」に勝る**
- **不正に立ち向かおうとする時、「怒り」は「幸福感」に勝る**

## 研究結果4——ほかの人が幸せそうだと自分のやっていることに身が入らない

ヴィクトリア・ヴィッサーの研究チームは、リーダー的立場にある人（CEO、医師、教師、両親など）が表現する幸福感と不幸感が、配下の人の仕事ぶりにどう影響するかを調べるために、ある実験を行った。まずビジネススクールの学生たちに、ウェブ画像でリーダーの指示を聞いてもらう（実際は俳優が台本に沿ってしゃべっている）。リーダーは学生たちにベストを尽くすように言い、2種類の単独作業のやり方を説明する。ひとつは「数独パズル（分析的能力を必要とする）」、もうひとつは「ブレーンストーミング（創造性が求められる）」で、レンガと鉛筆の使い道をできるだけ多く考え出すというものだ。参加者総勢300人のうち、半数に対しては、リーダー役の俳優が、幸福感があふれる声と話し方で説明し、残りの半数に対しては、同じ内容を、悲しみをにじませて話した。

さて前に説明した通り、幸福感は「大局的なものの見方（たとえばプロジェクトマネジャーの仕事）」を促すのに対し、不幸感は「詳細に注目する分析的思考（たとえば刑事の仕事）」をもたらす。ヴィッサーたちはこのことを、次のような結果によって実証した。創造性を必要とする仕事の場合には、幸福感を表わすリーダーの下での作業は、幸福感を表わさないリーダーの下での作業より2倍成果が上がった。一方で、分析的な仕事の場合は、リーダーが悲しみを表した場合には、そうでない場合よりも4倍成果が上がった。これはまさに驚くべき数字である。この差を生じさせたものは、「リーダーの様子」の違いだけでほかにはない。リーダーの様子は、目標とする結果を劇的に向上させうるほど、人々の感情を動かすということだ。だがそのためには、幸福感と不幸感がそれぞれどんな状況において有利に働くのかを、リーダーがきちんと理解していなければならない。部下に与える仕事の特性とそれに最適な感情の状態を考慮できるリーダーは、より優れたリーダーシップを発揮し、これまで見逃されていた20パーセントのネガティブ優位性を手に入れることができる。

この「情動の敏捷性」の利点は、単に人々をより創造的、分析的にするだけではない。次に心理学者セス・カプランの行った実験を見てみよう。参加者たちに、航空管制官たちが日々行っているのと同じ、退屈としか言いようのないシミュレーション作業をやってもらった。椅子に座って、レーダースクリーンを注意深く見つめ、万が一航空機同士が衝突線上に乗ったら、警告を表するのである。この仕事が大きな疲労感をもたらす理由は、ミスをした時の結果の重大さと、仕事の退屈さである。全体の93パーセントの時間は、飛行機同士が近づくことは決してない。2つのグループの参加者たちは、飛行機を表す小さな丸が画面上でノロノロと動くのを15分間見つめている。その間、リーダー役の人が、2つのグループのそれぞれの部屋で、2通りのマネジメントスタイルを実施した。ひとつのグループでは、リーダーは「チアリーダー」である。1人ひとりに近づいて「いいですね、その調子です」と繰り返しほめて励ます。もうひとつのグループでは、リーダーは「共感者」だ。この仕事がいかに退屈であるかを認め、参加者に同情し、それでも困難を乗り越えてみんなで何とかやり遂げようと語りかける。

その結果、同情的なリーダーのグループは、他グループに比べてよい成果を出しただけでなく、仕事が楽しかったと答えた人が多かった。ここで得られる教訓は単純なものだ。**ポジティビティが常に理想だという思い込みに基づいて雰囲気づくりをしてはいけない。むしろ、優れたリーダーは、自分の感情表現を部下が取り組んでいる仕事の特質に適応させる。**

## 幸福がそれほど素晴らしいなら、なぜもっと幸福になれないのだろう

幸福にそれほど利点があって、そして人々がしばしば幸福感を覚えるのであれば（調査によれば、人々は60パーセントから80パーセントの時間、幸福を感じると答えている）、なぜみんなもっと上手に幸福になれないのだろう。

たとえば、広い芝生で子どもとサッカーをしようと、大きな家に引越した。ところが、気持ちが浮き立たない。もとの近所の親しい友人たちの家に行くのに、車で20分も走らなければならなくなったからだ。あるいは、時間に追われることがわかっていながら、子どもを課外活動の演劇クラスに参加させ、数学の家庭教師をつけた。その結果、家族がつまらないことで言い争うことが増えた。私たちはいろいろなバイアスに捉われると、「何が自分を幸せにするか」をうまく選べなくなる。やっかいなことに、このバイアスは多くの場合、目に見えない。

**幸福を選び損なう理由のほとんどは、「選択を行う時点」とその「選択の結果を経験する時点」で心理的状況が異なるという単純な事実だ。**

たとえば、空腹でしゃれたレストランに行ったとする。ウェイトレスが注文を取りながら、「もしデザートにチョコレートスフレを召し上がるのでしたら、焼くのに時間がかかるので、今一緒に注文していただきたいのですが」と言う。空っぽの胃袋がただちに賛成するので、スフレを注文する。しかし最後にそれが運ばれてきた頃にはすでに満腹で、期待したほどはその

こってりしたデザートを楽しめない。なぜそうなったかといえばもちろん、最初に自分の未来の状況を正しく予測できなかったからだ。つまり心理学者がいうところの「投影バイアス」に捉われたからである。

幸せの予測を誤らせるバイアスは他にもあり、スフレを半分しか食べられないことよりずっと悪い結果につながることもある。一般的な例を挙げれば「インパクト・バイアス」というのがある。これは何かの出来事が感情に与えるインパクトと、その影響が続く時間を過大に見積ることである。たとえば、太陽の降り注ぐハワイで1週間休暇を楽しんだとする「こんなに素晴らしい場所はない」と感じて、引退後はハワイで暮らそうと考えてしまう。この選択は、明確には意識しないものの、快適な気候、ゆったりした生活ペース、海に近い暮らしなどが「今よりずっと自分を幸福にしてくれる」という推測に基づいている。**だが人は常に実際よりも強い感情的インパクトを予測しがちである**（スポーツにおける勝敗、政治面での勝利、仕事上の成否などに関して行われたさまざまな研究の結果がそれを示している）。**また、そのインパクトが、実際よりも長く続くと考える傾向がある。**従ってハワイに移住した人の場合も、おそらく一時的に幸福感は上昇するだろう。だが1か月もたてば新しい環境に慣れ、引退前に都会で暮らしていた頃と同じ程度の幸福度に戻ってしまう。

幸せの予測を誤らせる3つ目のバイアスは、「ディスティンクション（対比）・バイアス」である。これはシカゴ大学の研究者クリストファー・シーが見事に説明している。シーは、人の心理状態（感情の状態ではなく）が、時によって変化することを指摘した。シーが挙げた例を使わせてもらって説明しよう。たとえば、新しいテレビを買うとする。

プラズマテレビを買おうと思って、家電量販店に向かう。そこには20種類以上の魅力的なテレビが並べられている。こちらは大型画面だし、こちらには有利な保証がついている、この2つは画面が明るく明るい部屋でも見やすい、一方あちらは特別の反射防止加工がされている。「夢のテレビ」を買う行為は突然、楽しい幻想から現実のジレンマに一変する。多くの中から、自分を一番幸せにしてくれるひとつを選択しなければならない。迷った挙句に、なんとかひとつのモデルに決めて金を払い、家に運び込む。地下室に置かれたテレビは、大体において約束された通りの機能を果たしてくれる。さまざまな番組が楽しめる。しかしなぜか、買う前に予想していたほどの素晴らしい幸福感は感じない。

なぜこういうことが起きたかというと、家では、店で使っていたのとはまったく別の種類の情報によってテレビを評価したからである。店では他の製品と一緒に評価していた。たとえば隣に置かれた58インチのテレビと比較して、60インチはやはりいいなと思った。しかしいったんテレビを家に運び込んでしまえば、比較対象は消滅する。60インチは60インチで、他のものより大きいわけでも小さいわけでもない。

幸福のための選択をする上でもっとも有害なバイアスは、「欲しい／好きバイアス」である。多くの人はこれを知ると「これまでの人生を、このことをきちんと理解せずに暮らしてきたのか」とショックを受ける。これは、「何かを欲しい」ということと、「何かを好き」ということの違いによって起きるバイアスである。たとえば、「犬を飼うことが好き」であるよりはるかに強く「犬のペットが欲しい」と思って、犬を買ってしまう。

この2つの心理プロセスが違うものだという事実は、神経科学によって裏づけられている。「欲しい」という心理には、脳のある部分が関与しているが、何かが「楽しく感じられる」とか「好きだ」というのは、それとは別の部分の脳の働きである。

医学的な説明は省くが、ケント・ベリッジをはじめとする脳の専門家たちが、「欲しい」と「好き」という心理は、関連はしていても脳のシステムに関わっていると結論づけている。

新しい仕事、新しいおもちゃ、ジャム入りドーナッツなど何であれ、何かをぜひ欲しいと思う時には、心理的にも時には身体的にも、興奮が生じている。その対象がたまらなく欲しいと思う。だが、ひとたびそれを手に入れると、その高まった欲求は鎮まる。それを好きだという気持ちは変わらないが、かつてそれを求めた時ほどの強い気持ちはもうない。あれほど手に入れたかった新しい職が、実際には会議は長いし、通勤は大変だし、醜い権力争いもあるし、それほど魅力的に思えない。このように、私たちはしばしば薬物依存者と大差ない行動を取る。強烈な欲望に押されて買い物をしたり、人生の大事な選択を行ったりするが、それが長期的に見てどういう結果になるかを予見する能力もなく、慎重に考えることもしない。

幸福に関しては、この「欲しい」と「好き」の違いは特に重要である。私たちはこの2つを同じものだと思い込みやすい。**何かを欲しいと思うと、手に入れた後もそれをずっと好きなはずだと考える。だが実際はそんなことはない。**アルバへの旅、不倫の愛、地域担当責任者の地位、ロレックスの時計などを私たちは欲しがるが、欲しいと思う感情は一時のことであって、実際に長期にわたって好きだというわけではない。人はこの2つの心理状態を一緒にしがちで、その結果、自分の幸福にとって大きなマイナスとなる決断をしてしまう。

これらのさまざまなバイアスが現実生活の中に持ち込まれると、年に何十億ドルも発生する不要な支出や、多くの衝動的で誤った決断につながり、期待した幸福は手に入らない。また、心理学では、「イカロス・コンプレックス」と呼ばれる症状もよく話題になる。ギリシャ神話によると、イカロスは父親ダイダロスと共にクレタ島に幽閉された。ダイダロスは、蠟で2組の翼を作って脱出を企てる。その際、息子に太陽にあまり近づいてはいけないと警告する。だがひとたび空中に飛び出すと、イカロスは空を飛べることの喜びに我を忘れ、どんどん空高く上って行ってしまう。ついに翼が溶け、彼は海に墜落して死ぬ。誰もがこういうイカロス的心理に取りつかれるわけではないが、私たちは幸福を無条件の「よいこと」と考えがちで、それが大きな逆効果をもたらしかねない。

## 「少しだけ不幸」の使い道

どうか誤解をしないでほしい。我々は、「ポジティブ感情」や「ポジティブ思考」、それに「幸福」のさまざまな利点が、信頼のおける多くの研究によって実証されていることを十分承知している。実際に我々も、それらポジティブ心理学の研究に貢献してきた研究者である。しかしこれまでほとんど利用されてこなかった事実がある。**一般的な状況において、「少しだけ不幸」が「非常に幸福」に勝ることがあるということだ。**それは、詳細にこだわる必要がある仕事や、秩序だった分析的思考を必要とする仕事の場合である。家庭で予算を立てたり、週末の計画を立てたりする時、また職場において事務的作業をしたり、多くの情報の中から傾向とパターンを把握しようとしたりする時などもそうだ。ここで大事なのは少しだけ不幸ということで、慢性的な孤独感とか情緒障害など重大な不幸感がある場合のことではない。そういう場合は精神の機能が妨げられるため、最悪のケースでは自殺を考えたり実行したりすることにつながりかねない。本書は全章を通して、そのような精神的問題や症状に隠れた利点があるなどとは言っていない。

「少しだけ不幸」な状態と「幸福」な状態が示す情報処理のスタイルは、どちらがいいとか悪いとかいうものではない。それぞれに適した状況では、どちらにも利点がある。私たちは「ポジティブ感情」とか「ネガティブ感情」という言葉で感情にレッテルを貼って差別してしまいがちだ。だがそれでは、状況に応じて能力をフルに最適に活かす「ホールネス」を持つことができない。

ピーター・ドラッカーはかつてこんな皮肉を言ったことがある。「幸福《ハピネス》はもういいから、やるべきことをやれ」。我々もドラッカーの台詞と同じようなことを、最新の心理学的研究をもとに、皆さんに勧めたいと思っている。幸福な思考や感情は、現在自分がどういう状態かを教えてくれるサーモスタットや指標のようなものだと考えればいい。ところが、サーモスタットを動かすことを人生の目標にしてしまったら、自分のしていること自体の魅力が失われ、いい結果にもつながらない。幸せでありたいと思うなら、幸せになりたいと頭で考えることをやめて、身を入れて人生を生きることだ。**ポジティブになろう、ネガティブを避けようと必死に頑張ることは無益なだけでなく、自分を取り巻く世界に見出だせるはずの喜びや関心や意味が、見えなくなってしまう。**

状況が的確にわかっている人は、機会が来たらそれを捉える。そのために思考や感情表現を、臨機応変にポジティブにしたり、ネガティブにしたりする心構えができている。本章で説明した「少しだけ不幸な状態」の利点を活かすには、その価値を理解して認め、不快さを少々我慢することだ。航空管制官たちがこの上もなく幸福な人ばかりでないのはありがたいことなのである。

# 第5章

# マインドフルネスにとらわれるな

本屋に行けば、「マインドフルネス」の効用をうたう本が、棚全部ではないにしろ、ズラッと並んでいる。「マインドフルネス」とは、簡単に言えば、意識的な気づきである。自分のいる世界を、頭の中の問答や判断などで乱すことなく、そのまま観察する能力だ。1枚のドレスを目にした時に、「まあ可愛い」ではなく「赤い服」と認識できることであり、失敗した時に「自分はだめな人間だ!」ではなく、「今自分は失望感を味わっている」と考えられることだ。

マインドフルネスは今、大流行である。フィル・ジャクソンは、史上最多の優勝を成し遂げたNBAのコーチだが、選手たちにマインドフルネスのテクニックを勧めているのは有名な話だ。マインドフルネスの瞑想と集中力の訓練は、心理セラピー、スポーツのトレーニング、さらにビジネスにおいても使われている。最近では、マインドフルネスはおそらく人間の機能の最適の状態だと宣伝されている。

マインドフルネスに夢中になる人たちは、ニューエイジ運動の影響を受けているわけではない。今の瞬間に起きていることを、判断を加えることなく「穏やかに観察する」ことの有益さは科学的に実証されている。日常的にマインドフルな傾向を持つ人は、より幸福で、人生に意味と目的を感じ、心の知能指数(EQ)が高く、自己への思いやりが深く、慢性的ストレスに対処する能力も高いことをさまざまな研究結果が示している。マインドフルネスは、確かに素晴らしいものだ。

説得力のある具体的なデータを見たければ、2人の著名な学者の本を読めば十分だろう。マインドフルネスを広めるのに功績のあった、マサチューセッツ大学メディカルスクールのジョン・カバット＝ジンと、ウィスコンシン大学のリチャード・ダヴィッドソンである。カバット＝ジンはよく、アメリカの「マインドフルネス運動の父」と言われる。またダヴィッドソンは、fMRI（磁気共鳴機能画像法）やその他の脳のスキャン技術を使って、マインドフルネスに生物学的・生理学的根拠を与えたことで有名であり、高く評価されている。この2人は最近、あるバイオテクノロジー会社の従業員を対象に、8週間のマインドフルネス研修を行っている。研修に先立って、社員たちをある種のインフルエンザウィルスに接触させたのだが、マインドフルネス実習中の社員たちは、インフルエンザに対して驚くべき抵抗力を示したという。

病気に対する抵抗力だけではない。総計で20時間（1週間に2時間半ずつ）マインドフルネスのトレーニングをしただけで、社員たちの脳に変化が起きるということを、研究者たちは発見した。前頭前皮質の左側の活動が400パーセントも増えたという。皆さんは「それって、いいことなの？」と思ったかもしれないが、答えはイエスである。ここはポジティブ感情に関係する脳の部分で、ストレスを「避けるべき脅威」ではなく「取り組むべき試練」と見ることに関わっている。トレーニングに必要な20時間は長いようだが、アメフトの試合を4つ見て、3回スーパーに買い物に行けば使ってしまう程度の時間である。その時間で脳の働きを、大きな成功につながるように変化させられるとしたら、マインドフルネスはすごい。それどころか素晴らしい！

だが、マインドフルネスがそれほど有益なら、なぜ人間はもっとしばしばそういう状態になるように作られていないのだろう。**人が多くの時間を「マインドレス（集中していない状態）」でいるように進化してきたわけは、意識的な思考をしている状態、つまり今この瞬間に起きていることを常に認識している状態では、情報処理能力がきわめて限られてしまうからだ。**たとえば歩道を歩いていて、向こうから来た人とすれ違うのに、脳がどのくらい頑張って働くかを考えてみよう。相手との距離を測り、双方の歩くスピードを計算に入れ、自分と相手の身体がどの辺を通るかを見積もってぶつからないようにし、その間も地上に何かがあってもつまずかないように気をつけながら足を交互に出し、頭上に伸びている木の枝にも当たらないように気を配りながら、器用に歩いて行く。

また、人の顔を見た時には、知人かどうかを素早く判断し、相手の表情から、機嫌がいいかどうか、親切な人か危険な人か、立ち止まって話したがっているかどうかまで見極める。こういう作業はとりわけ難しい。人の表情は刻々と変わるので、何度も見極め直さなければならない。知っている人の場合は、さらに高レベルの脳の機能が必要になる。まずはともかく名前を思い出し、それから自分との関係、前に会った時にどんな話をしたかを思い出す必要がある。次に、どの程度相手と目を合わせるか、どのくらいの大きさの声で話すか、どんな話をするか、などさらにきめ細かい判断を行わなければならない。会話を維持するために、相手の話を聞いて、聞いたことを情報処理するスキルも求められる。単に意識的な集中力だけで、これほど大量の作業をやり遂げることは不可能だ。

人の脳は、それぞれの瞬間に押し寄せてくる複雑で動きのある大量のデータを、意識のレベルで処理することなどとてもできない。そんなことを無理にやろうとすれば、突進してくる車の前に歩き出したり、子どもの前で汚い言葉を口走ったり、仕事上の機密事項を漏らしたり、ガスレンジで手を火傷したり、ありとあらゆる失敗をすることになる。脳内の情報処理が意識下で猛烈な速さで行われているのは、そうしなければ間に合わないからだ。

「マインドフルネス」は今、健康、人間関係、仕事上の成功など、すべての問題の解決法として人々が夢中になっているが、この章では、「マインドフル」と対照的な概念を「マインドレス」と呼ぶことにする。「マインドレス」という言葉に、多くの人はあまりいい印象を持たない。意識的な行動、戦略など、人の優れた知性を示す前向き思考の表れとは対極にあるように思えるからだ。知識人たちは伝統的に、よい人生とは「思慮深く計画されたもの」であると考えている。

とはいえ研究の結果はマインドレスが生産性と創造性を高め、生活の中のやっかいな問題や不明瞭な事態に対処するのに役に立つことを、明らかにしている。マインドレスというと、ただぼんやりしていることだとか、潜在意識に没入している状態とかいろいろに定義されているが、それではマインドレスの効用を正しく捉えられない。大きな成功と幸せをもたらす可能性のあるマインドレスのタイプは次の3つだ。

1　オートパイロット（自動操縦装置）を活用する
2　衝動的に行動する
3　マインドレスに決断する

**心が柔軟な人たち、つまりもっとも成功している人たちは、マインドフルとマインドレスのどちらかに凝り固まることなく、双方を行ったり来たりできる。**これを意図的に行うことによって、これまで手に入らなかった20パーセントのネガティブ優位性を得ることができる。

## 成功と幸せに続く、マインドレスな3つの道

### 1　オートパイロットを活用する

人間は、脳の処理容量を節約するために、「ヒューリスティックな思考」を使う。自動的につまりマインドレスに行われる認知のショートカットである。ヒューリスティックな思考の一般的なやり方は、カテゴリーに分けて理解することだ。たとえば、近所の郵便局に行くとする。窓口の女性に「あなたはこの国の言語を話しますか？」と尋ねることから始めたりはしないだろう。相手が「郵便局の職員」というカテゴリーに属すると判断して、「自国語を話し、教育を受けており、切手の値段や支払い方法に関する知識もあるはずだ」と推測できるから

だ。ヒューリスティックを使えば、意識的な脳に不要な労力を使わせることなく、時間と貴重な脳の認知空間を節約できる。

研究によれば、人は他者に関する分類的判断を、無意識のうちに驚くべきスピードでやってのけるという。見知らぬ人に対する第一印象を調べる実験で、実験参加者たちが相手の性格に関して結論を出すのに、わずか10分の1秒しかかからなかった。このごくわずかの時間に、人々は相手が信頼できるか、感情が安定しているか、親切か、情熱的か、いい加減か、新しいものに対して前向きかなど、さまざまな特徴について判断した。この驚くべきマインドレスな「人の特徴判定マシン」に比べると、人が本書のこの段落を読んで意識的に理解するには、その200倍の時間がかかる。「だけど、数秒で行われる直観的評価など、どれくらいあてになるのだろう」と皆さんは思うかもしれない。だがさまざまな研究の結果は、瞬間的に切り取った観察に基づく評価が、偶然よりはるかに高い正確さ（精度約70パーセント）であることを示している。これほどわずかな時間とエネルギーしか使わずにこの精度なら立派なものである。

**1　よく知らない相手をマインドレスに見極める**　オートパイロット思考の大事な働きのひとつは、初めて会った人間が信用できるかどうかを判断することである。これは難しいが、人づきあいやビジネス上の関係をうまくこなすために不可欠で、もちろん身の安全にとっても重要である。これを誤れば、騙されたりひどい目に遭ったりしかねない。またそこまで行かなくても、別の人ともっと充実した価値ある友情を築けるのに、間違った相手を選んで時間を無駄にすることになる。多くの研究者が、人が相手を信用するかどうかは、こちらの言葉やしぐさに相手がどう反応するかに基づいて決まると考えている。自分と同様の態度を取る人は、こちらのニーズ、価値観、幸福に関心を持って気にかけていると考えるからだ。

ナイメーヘン・ラドバウド大学（オランダ）のリック・ファン・バーレンの研究チームは、レストランのウェイターが、客の注文を繰り返して確認すると、しなかったときに比べて、チップが68パーセント以上も増えるということを発見した。客たちがこれをマインドレスに行っていることは確かだ。つまり、ウェイターが注文や依頼（「もう少し水をください」など）を復唱したために、チップを余分に置こうと意識的に考えたわけではない。ウェイトレスがきちんとこちらの言うことを聞いていて信頼できるということを、この復唱という単純な行為が客に暗示したからである。

維持するのに多くのエネルギーを必要とする人間関係は、苦痛である。たとえばこちらが微笑んで何かを話そうと体を近づけたのに、相手がこちらに近づいてくれなかったり、無表情だったりすると、話をするのも骨が折れる。双方のしぐさが嚙み合わない時や、相手が自分と同じようにしてくれない時は、落ち着かない気分になる。人は自分の気分やしぐさを真似てくれる相手をより好きになるということを、多くの研究結果が示している。真似ると言っても、からかうような真似ではなく、態度、気持ち、話し方などをかすかに似せるのである。ただし相手と競争関係にある時や、親しくなる必要のない時（車のセールスマンに意見を聞いている時など）は、相手を真似てもいいことはない。

フローニンゲン大学、デューク大学、イェール大学の心理学者たちは合同で、「態度や言葉に表されるネガティブな合図」に人がどのように反応するかを調べた。ある実験では、知的職業の人らしいフォーマルで堅苦しい感じの人が現れて、参加者に話しかける。この人が参加者のしぐさや話し方を真似ると、参加者は文字通り背筋が寒くなり、真似しなかった場合の2倍半も室温を低く感じた。一方で別のグループの参加者たちは、気さくで楽しげな人から話しかけられる。その人が参加者のしぐさや話し方にまったく合わせなかった場合には、合わせた場合に比べ、室温が2倍も寒く感じられたという。まるで身体が、心が感じる冷たさを検知するかのようである。

ではそのことを念頭において、もうひとつの実験を見てみよう。参加者を見知らぬ人と話させ、そのあと部屋の温度について尋ねる。相手が同人種の場合、その人が参加者のしぐさや話し方を真似しない時には真似した場合に比べて、参加者は室温を2・04度低く感じた。また相手が異人種の場合、真似した場合はしない場合に比べ、室温を2・47度低く感じた。同様の調査の結果も常に同じで、私たちは状況と態度のミスマッチを感じ取るセンサーのようなものを持っているようだ。相手に合わせることは、一般的には親しみの表れであると考えられている。従って相手に親しみを期待していない時に真似されると、警戒心が沸くのだろう。心理的に気温が低く感じられるというのは、「この人といるよりもっと安心できる過ごし方をしたい」という、意識の周辺に生じる微妙なシグナルと考えられる。
私たち人間は、何千年もの進化の過程でこのマインドレスな自己防衛の手段を手に入れたのである。この研究のリーダーであるポントゥス・リアンダーは、実際にそれがどう役立つのかという質問にこう答えた。

人間関係を築こうとする時には、（相手が異人種の場合に言葉や態度を無理に真似するなど）あまり頑張りすぎない方がいいのでしょう。逆効果をもたらすおそれがあるからです。研究の結果は、自然のプロセスに手を加えない方がいいということを明示しています。私の育ったアメリカ南部では「うまく行っているものを直すな」とよく言います。相手の真似をするのもそうで、自然の気持ちに任せるのが一番なのです。

我々は、次のような流れがいいのではないかと考える。

1　よく知らない人とのやりとりや、感情的な問題が絡む会話では、おおむねマインドレスなプロセスに任せる
2　寒さを感じるなど、自分の身体に何か変化が表れていないか意識的に注意する

## 3　脅威に対する警戒が行きすぎていないか考える

このように、**見知らぬ人との関係を作る時は、まずマインドレスな直感に任せることから始め、それから今の瞬間に集中するマインドフルな気づきを取り込む**ことだ。そうすれば双方が補い合える。マインドフルとマインドレスは、どちらがよいのかと考えるべきではない。両方が一定の順番で働いた時にもっともうまく物事が運ぶのである。

最初にマインドレスな「オートパイロット」を使うということは、我々も最近まで考えつかなかった。まして、初対面の相手とビジネスの契約を結ぶ時や、ホテルのロビーで見知らぬ人と話をする時に、室温をどう感じるかを人間関係の判断要因として使うことなど、この本を書くまでは考えなかった。今は、マインドレスの持つこの利点を、マインドフルに意識するようになった。

人は初めて会った人の、身体的魅力、知性、好奇心、好感度などを判断するが、それに加え「温度の低下」にも気をつけた方がいいようだ。それまでも「ここは寒いな」と思っていたかもしれないが、今は震えが来て上に羽織るものが欲しい。そんな時は少々猜疑的になって、意識が感知しなかった何らかの危険や誘導の兆候がないか探った方がいい。この追加情報によって、従業員を雇ったり、外国でタクシー運転手を選んだりする時に、よりよい判断ができるかもしれない。

**2　マインドレスな感情調節**　興味深いことに、自動的情報処理は、感情の面でも行われている。感情の健全な調節、つまりものごとに対する反応のしかた、強さ、表現方法などを、調整したり変えたりすることは、人生をよりよく生きるために大事な要素である。感情を効果的に調節できないと、個人生活ではうつ、人への攻撃、不貞など、仕事上では、業績の悪さ、盗み、ハラスメントなど、さまざまな問題を引き起こす一因になる。従って、強い怒り、恐怖、悲しみ、屈辱感などの感情を制御することは、非常に重要だ。といってもこれはそう簡単ではない。特に深刻な事態では、感情を意識的にコントロールしようとしても、多くのエネルギーを必要とする割にすぐに効果が現れない。

　深刻な事態とは、激情にかられて何かの行動を起こさずにはいられないような場合のことだ。たとえば、自分の娘がレストランのトイレの前で待っている時に、見知らぬ男が近づいて、何ごとか囁きながら娘の腕を撫で始めたとする。こんな時には意識下で（すなわちマインドレスに）、感情を抑制する機能が自動的に働く。そのおかげで、性急で無分別な行動（たとえばフォークをつかんで走り寄り、娘の腕にかけていた男の手に突き刺してしまい、そのあとで彼が娘の新しいボーイフレンドだったとわかるとか……）に走らずにすむのは何てありがたいことだろう。しかも、こういう深刻な事態に出合った時に無意識のうちに有効な感情の管理ができるように、心を訓練することもできるようだ。

カリフォルニア大学バークレー校のアイリス・モースと、スタンフォード大学のジェイムズ・グロスが行った2つの実験を見てみよう。最初の実験では、参加者たちを2つのグループに分け、バラバラの文章を組み立て直す作業をしてもらった。第1のグループの文章には、感情の制御に関する言葉（制限、抑制、冷静など）が含まれており、第2のグループの文章には、感情の爆発に関わる言葉（解放、激昂、爆発など）が埋め込まれている。その後どちらのグループにも俳優が扮した研究者が現れて、参加者たちに1枚のぼやけた記事を渡し、文字の数を数えるように言う。やがて研究者は、じれったそうなイライラした言い方で「やり方が下手だ」と非難し始め、参加者たちをわざと怒らせる。この実験の目的は、感情制御ないし爆発に関する言葉に無意識に触れたことが、参加者たちの感情コントロールに何らかの影響を及ぼすかを確かめることである。事前に「感情爆発」の言葉に触れた参加者たちは、「感情制御」の言葉に触れた参加者たちに比べ、42・2パーセントも強い怒りを感じた。

またもう1つの実験では、「感情制御」の言葉に無意識に触れていた参加者たちは、感じの悪い研究者（俳優）が近づいてきた時に、心拍数や血圧が上がることも、他方のグループの参加者たちより少なかった。

この研究からどんなことがわかるだろう。1つ目は、不愉快な相手を我慢することや、自分自身の苦悩に耐えるといった人間の高尚な行為が、意識的に何らかの行動を取らなくても達成できるということ。2つ目は、マインドレスに行われる感情調節は、ストレスもなく身体への影響も少ないため無害であるということ。3つ目は、面倒な人間関係において、この簡単な低コストのマインドレスの働きが、感情の反応を健全に調整してくれていて、それに意識的に働きかければ、さらに効力を高めることもできるということだ。

### 3 マインドレスな創造性

ビジネスや教育の世界では「イノベーション」という言葉が盛んに使われる。イノベーションは目に見え計測できるクリエイティブなアイデアの成果であり、現実の世界で形にできる点が強みである。テスラ・モーターズおよびスペース・XのCEOで天才起業家イーロン・マスクなどを見れば、クリエイティブな情熱こそがビジネスの核心だということがわかる。ビジネス界、中でもいわゆる成熟業界は、商品やマネジメントをさらによいものにしようとして、こぞってイノベーションコンサルティングを依頼し、巨額の資金を投じて社員の「創造性トレーニング」を行おうとする。これらの研修のテーマはたいてい、即興的対応、リスクを取ること、少々の失敗を受容することなどである。それらを批判するつもりはない。

ただ、多くの創造性ワークショップでは、人は意識的に創造性を発揮できるという考え方が前提になっている。マインドフルであればあるほど、クリエイティブな発想に気づきやすくなるという。マインドフルネスが人々の心を捉えるのは、それが努力を伴う、意識的な、きちんとした行動と結びつくからである。これは「よい生き方というのは楽であってはいけない、あるはずがない」という考え方と通じるものがある。

こういう考え方は、世間一般の考え方に沿っていて明快だが、誤解を生みやすい。これまで学者たちは、自分の心をコントロールできずに思考がさまよい出ることはよくないことだと説いてきた。だが果たして、授業中に先生が話している最中、子どもが何か別のことを考えていることは「認知的失敗」だろうか。心理学者スコット・バリー・カウフマンは、「建設的なマインドレスネス」に関する論文の中で、マインドレスな瞬間や、思考がさまよい出ること（マインド・ワンダリング）をよくないとする最近の研究や風潮に異を唱えている。

そういう考え方が妥当であるのは、マインド・ワンダリングが第三者によって観察され、外的基準――情報処理のスピードや正確さ、読みの流暢さや理解度、集中の維持など――に照らして損失が測られた時に限られる。

しかしマインド・ワンダリングに関しては、個人的見解だが、別の見方もできる。意図したか否かにかかわらず思考がさまよい出るのは、自分の有意義な目標や願望にとって、そうすることが明らかに有益だからである。読書に集中できずに1つの文を3回も読むはめになるかもしれないが、その代わりに大事な思い出に浸るとか、気にかかる問題を理解しようとするなど、別の重要なことを考えているわけで、特に悪いこととは思えない。

人に話をしている途中で考え込んでしまったとしても、それによって何かを思い出し、話がいっそう興味深く説得力のあるものになるなら、その中断はさほど問題ではない。何かを考え始めて、高速道路で降りるべき出口を通りすぎてしまったとしても、先週の会議で自分の言葉になぜ上司があんなに腹を立てたのかがようやくわかったのなら、数分間のロスくらいは何でもない。スーパーに卵を買いにいったのに、うっかりほかのものを買って帰ってきてしまっても、その間に、昇給を願い出るか、会社を辞めるか、大学に戻るかという問題にようやく答えが出たのであれば、卵がないための不便など、どうということはない。

こう考えれば、人がなぜ今の瞬間の行動に集中できずにほかのことを考え始めてしまうのか、なぜ起きている時間の半分近くを自らマインド・ワンダリングに費やすのか、その理由が理解できるのではないだろうか。

このポイントは、『重力の虹』の作者トマス・ピンチョンが怠惰に関して書いているエッセイの中にも表れている。

アクィナスが「心の落ち着きのなさ」と呼んだ状態、つまり「何の合理的理由もなくいろいろな思考を追いかけること」「それがもし想像力によるものであれば……好奇心と呼ばれる」もの。これこそまさしく精神の旅というもので、小説家がよい仕事をする時、時に最高の作品を書くことができる時であり、論理的問題に答えが見つかる時であり、あの世からの霊感を得る時であり、運がよければ思い出せる夢うつつの冒険に出かける時である。

心が脇道にそれる自由を奪われたらどうなるだろう。目の前の仕事から意識が離れられないとしたら、私たちはその方がいいのだろうか。心がどちらに向かうかを、有無を言わさず決められてしまうとしたら、より幸せになったり成功したりするだろうか。自我に目覚めたり、ものごとを深く考えたり、何かを計画するためには、マインドレスにさまざまな考えを追求する必要がある。情報を探り、発見し、統合するためには、身体に十分な睡眠と運動とビタミンDが必要なのと同じくらいに、脳には自由な精神活動が必要なのだと言える。

イノベーションのための特別トレーニングに投資するより、当てのないマインドレスな状態でこそクリエイティブな発想が育まれるのだと、発想を変える方がずっと簡単だ。創造性はこれまでもずっと、無意識の中で養われると言われてきた。ノーベル賞の受賞者や傑出した芸術家などが、しばしばそれを裏づける発言をしている。皆さんも、何かのアイデアや問題の答えがぱっとひらめく瞬間があったり、思いがけず重要な考えがふと浮かんだりした経験があるのではないだろうか。焦点の絞られないぼんやりした意識には、何か新しいものを生み出す力があるようだ。実際に、創造的アイデアは意識していない時に生まれるということを、研究の結果が示している。

『大統領のいたずら書き（未訳）』の著者デイヴィッド・グリーンバーグによれば、古い文書を調べたところ、アメリカ合衆国大統領44人のうちの26人までが、国家の重大問題（税制改革とか?）に集中できなかったらしく、いたずら書きをしていたことがわかったという。しかし、彼らが書類の余白にいたずら書きをしていたことを、税金の無駄遣いと切り捨てるのは早計だ。グリーンバーグが行った実験では、いたずら書きをしていた人は、しなかった人に比べて、25パーセント近くも多く、その間に起きたことを覚えていたという。別のことをしている方がよく集中できるというのは皮肉な話に思えるが、いたずら書きに必要なのは「マインドレスな集中」だけであり、退屈な話を聞いているだけでは失われてしまう注意力と精神のエネルギーが、それによって維持できるのである。残念なことに、教師も親も経営者も、いたずら書きを単に態度が悪いとしか考えず、やめさせようとする。

教師や中間管理職は新しい視点を取り入れてみたらどうだろう。ひたすら集中することばかりに片寄らないように、時にはマインドレスな行為を奨励するのである。実は、そういう試みは企業や学校ですでに行われている。たとえば仕事中や学習中に、静かな音楽を流しているところがある。こうすると、生徒や従業員が冷静さと集中力を長時間維持できることが、研究の結果明らかになっている。

またあまり知られていないが、航空会社によってはパイロットに仮眠を取らせる方針を採用しているところがある。私たち乗客は、ワシントンDCからオーストラリアのシドニーのような長時間のフライトでも、枕がもらえ、映画が見られ、トイレがちゃんと流れることだけでなく、乗務員たちが飛行中ずっと起きていてくれることを当然のこととして期待している。パイロットが社の方針で、海上を飛行中にコックピットの座席で25分間の仮眠を取っていることなど、知りたくなかった！　という人もいると思う。しかし心配はご無用だ。ＮＡＳＡの調査によれば、仮眠を取った後のパイロットは、取らなかったパイロットに比べ、判断に要する時間が平均して20パーセント短く、判断ミスが34パーセント少なかったという。精神を一時オフにして充電するという戦略には、あなどれない効果がある。たったの25分で、仕事のパフォーマンスを34パーセントも一気に向上させられる方法が、ほかにあるだろうか。

「意識をオフにすること」がなぜ有益なのかをさらに知るために、ジョージタウン大学機能・分子イメージングセンターの教授であるアンドレイ・メドヴェージェフが、２０１２年に行った研究を見てみることにしよう。教授の研究チームは、成人参加者に昼寝をしてもらって、その間の脳の活動をモニターした。その結果、昼寝をしている間に、右脳（創造的思考に深く関わるとされる）が左脳と頻繁に連絡を行っていることがわかった。メドヴェージェフは、身体が休息している間に、右脳が新しい情報や経験などを長期保管場所に移動させるなどの重要な「片づけもの」をしているのではないかという仮説を立てた。

これは、パソコンを使っていない時に、ファイルを保存したり不要な情報を消去したりする「自動メンテナンス」が設定されているようなものだ。だが脳の中で整理作業が行われる時には、それ以上に不思議なことが起こる。新しい情報が古い記憶とたまたまぶつかったりすると、それまでにない突飛な情報の組み合わせが生まれることがあるのだ。起きている時は脳内の編集者が「この考えはおかしい」と決めつけたり、「実行不可能」とさっさと消し去ったりするのだが、仮眠中はその編集者も不在である。こういう情報の新しい組み合わせは、創造的なブレイクスルーにつながれば素晴らしいのだが、アイデアごた混ぜの食用に耐えないスープでしかないことも多い。だがそれは当然だ。４つ星のアイデアが次々に湧いて出ることを期待してはいけない。秀逸なアイデアは時たま出てくれば十分である。

**創造性は、意外なマインドレスの行動の中から生まれてくることが多い。**英国企業に働く１０４人のＰＲ専門家たちを対象に、もっともクリエイティブなアイデアがどうやって生まれたかを調べたところ、誕生の場所はオフィスではなかった。アイデアが一番生まれやすいのは「通勤途上」だった。次が僅差で「シャワーを浴びている時や風呂に入っている時」である。我々はこういう環境を、「ＡＣＨ（偶発的な創造性の拠点）」と呼ぶ。そのほかには、「芝刈りをしている時」「皿を洗っている時」「ジョギング中」「犬を散歩させている時」などが続く。クリエイティブでありたいと思う人は、こういう環境を十分に活かして使ったほうがいい。

ただし、創造性を発揮するためには、マインドレスでありさえすればいいわけではない。もしそうなら、ぼうっと夢想にふけりながら皿を洗っていれば、だれでもジョージア・オキーフやアーネスト・ヘミングウェイになれるだろう。むしろマインドレスな行為というのはローム層の土壌のようなもので、最高のアイデアがそこに根を下ろすのである。研究によれば、非常にクリエイティブな人たちや、創造性を発揮させることを大事に考えている人たちは、直観的に無意識の世界にインスピレーションを求めるようだ。たとえば、見た夢の中にヒントを探し、それを現実の世界に組み入れようとする。新しいものを生み出そうとやたらと頑張るのをやめて、そこから少し離れる時間を取ってみたら、思いがけないアイデアが湧くかもしれない。手元にレコーダーを置いて、いつどこで現れるかわからないアイデアを捕まえる準備をしておこう。

## 2　衝動的に行動する

思ったままを口にする愉快な人間を面白いと思う人は、「彼は自然体でくったくがない」と評するだろうし、そういう人間が嫌いな人は「彼は衝動的で思慮がない」と評するだろう。このように人は、気分任せの行動には2通りの反応を示す。一方でそういう人を面白いと感じ、他方でばかげていると思う。衝動的な行為が不当に見下される理由のひとつは、それがいい結果をもたらす状況がほとんど注目されていないからだ。次のような状況を考えてみよう。

・猛吹雪が近づいているらしい。3人の小学生の子どもとまた家に閉じ込められるよりは、と、インターネットで航空会社の週末スペシャルプランに申し込み、家族で暖かい南米のアルバに飛んで週末を過ごすことにする。

・本屋の安売りカートの中に面白そうなハードカバーを見つけて、それを取り上げる。
・入ったことのないカフェだが、直観的にいいなと思って飛び込む。
・自然な性の衝動に身をゆだねる。
・興味を惹かれた見知らぬ人と会話をする。

衝動的な反応や思いつきの行動にはもちろんリスクもあるが、とてもうまく行って大きな喜びをもたらすこともある。筋書がなく結果が不確かなため、それが不安と好奇心の入り交じった気持ちを生じさせるからであり、取り繕うことも人目を気にすることもなく行動に踏み出すために、生きているありのままの自分を感じられるからである。

**コントロールを失うことの解放感**　人々の利害に直結する話題は論争に発展しやすい。たとえばマリファナを合法化するべきか、町の予算節約のためにフルタイムの消防士と警官の数を減らすべきか、お祖父さんが亡くなったあと、誰が何をもらうかなどの話題である。中でも偏見に敏感な近代的職場の場合、ことに気を使う話題のひとつは「多様性」だ。欧米先進国の多くは、人種、性別、性的嗜好、宗教、国籍、社会・経済的地位などの多様性を広く包括的に受け入れることが、正当でまた重要であると考えている。

英国のビジネスコンサルタント、ニッキー・ガルシアは、企業向けに「多様性プログラム」を何年も実施してきた。社員を集めて「互いの違いを尊重することの重要性」に関する数時間のワークショップを行う。しかし彼女は最近、このやり方ではうまく行かないことに気づいた。「人はみな違うのだということを強調すると、社員たちはその後必ず、周囲の人を分類整理し始めるんです。あの人は女性だ、インド人だ、同性愛者だというように」

多くの人は、どんな人間もみな同じであるかのように振る舞いたい気持ちと、相違点に配慮して話さなければという意識の間を、おそるおそる歩いている。気をつけて言葉を選ぶことの問題点は、それが精神的エネルギーを多く消費することである。たとえば、白人の男性は黒人女性と話す時、当たり障りのない表面的な話題を選ぶために、多大なエネルギーを使うという。その結果、話題にならなかったことこそが大事なのだという深い真実に気づいて、どちらも不快感を覚える。善意の人同士のつきあいが、非常に面倒なものになってしまう。

では、対話を始める前にその人のエネルギーを枯渇させて、本音を隠したり、話題を避けたり、表現を和らげたりする元気をなくさせてしまったらどうなるだろう。たとえば、職場に来る前に社員に5キロのマラソンをさせるか、『ニューヨーク・タイムズ』紙のクロスワードパズルを解かせる。実際にそういうことをやった実験がある。参加者に、知的・身体的に非常に負担の大きい活動をさせ、その後人種の異なる相手と、微妙な人種的テーマについて話をしてもらうのである。頭が疲れ切っている人たちは、正しいことを言わなくてはという骨の折れる努力を放棄し、人種的な違いについてより自由に話をした。そして疲れる活動をさせられなかった参加者たちと比べ、会話を楽しんだ割合が25・4パーセントも高かったという。またその対話のビデオを、別の黒人の参加者たちに見せて評価してもらったところ、偏見が少ないように見えると評価されたのは、疲れていた参加者たちの方だった。疲れ切って抑制が取れた参加者は、扱いの難しい多様性の問題について、疲れていない参加者より72・6パーセントも率直に話すことができた。

抑制されない自然な行動の利点は、思いがけない状況でも実証されている。認知症になる前の高齢者たちの、認知機能の低下がもたらす抑制のない状態である。ある調査では、平均年齢19歳の若者たちと、平均年齢73歳の高齢者たちに参加してもらい、「これは問題を抱えたティーンエイジャーにカウンセリングを行う地域のプロジェクトです」と説明した。そして、「自分も思春期を経験したごく普通の人たち（プロのセラピストでなく）が話す様子をビデオに撮り、それを使って相手の子にアドバイスします」と伝えた。参加者たちは、ティーンエイジャー1人ひとりの情報が入った多くのフォルダーの中からひとつを選ぶ。実はフォルダーの中身はみな同じで、中には1人の太った女の子の写真と、その子が不眠やいじめに悩み、友達がうまく作れないことや、授業に興味が持てないといった情報が入っている。

老若それぞれの参加者たちは個別に、「この子にどんなアドバイスをしますか」と尋ねられる。高齢者たちは非常に率直で、その女の子の体重や外見の悪さに言及した。また自分自身が

10代の時に悩んだ経験を語り、それにどうやって対処したかとか、拒絶や失敗からどんなことを学んだかなどを話した。若い参加者たちはもっとずっと慎重だった。若者たちの70パーセントは、少女の体型にはひと言も触れなかった。非常に興味深かったのは、高齢者の中でも総合的な神経心理学的検査によって認知機能がもっとも衰えていると診断された人たちが、もっともオープンだったことだ。彼らの80パーセントが少女の体型に言及し、一番数多くアドバイスを提供した。

研究者たちは、肥満を専門とする2人の著名な医者にインタビューのビデオを見せて、アドバイスの質を評価してもらった。認知機能の衰えがもっとも進んだ高齢者のアドバイスは、若い参加者や認知機能の高い高齢者のアドバイスに比べて、より優れていると判定された。彼らには抑制があまりなく、少女が太っていることや、それが対人関係の妨げのひとつになっているという言いにくい事実を避けようとしなかったため、かえって親しみやすく親身で有益なアドバイスにつながったようだ。ジャン・フランソワ・ボンヌフロンをはじめとする研究者たちは、『礼儀正しい誤解のリスク』と題する論文の中で、次のように結論づけている。

礼儀正しくすることは精神的リソースに負担をかけ、本当に意味することが何なのかわかりにくくしてしまう。それほど重要でない状況ではそれでも何とかなるが、緊急時に飛行機を飛ばすとか、患者に治療法を決めさせるなど、重大な結果に結びつく局面においては、不都合な結果が生じかねない。

アドバイスを与えること、メンターの役割を果たすことは、親、教師、企業の経営陣などにとって、リーダーとしての基本的役目である。話しにくい問題を避けていては、コミュニケーションが不十分になり、仕事もうまく行かず、人間関係も損なわれ、時間も金も無駄にしかねない。そういう話をする時は、少々疲れていつもの抑制機能が低下している時にするといい。疲労が居心地の悪さを緩和してくれるので、飾らない気持ちを表わせる。

## 3 マインドレスに決断する

これから8時間、「瞬間的判断」をしてはいけないと言ったら、皆さんはできるだろうか。運転中に隙を見て車線変更などしない。初めて会った人を思いつきでランチに誘ったりしない。十分に考えた上でしか言葉を口にしない。メールを大急ぎで書いて送らない。もちろんフェイスブックの投稿にすぐさま返信したりしない。おそらくできないと思う。できるとしてもせいぜい1時間くらいだろう。ショッピングモールにいたり、テレビを見ていたりしたら、たぶん2分くらいしかもたない。

その一方で私たちは、重大な決断を手間のかかるアプローチを使って強引に行おうとする。費用対効果分析をしたり、専門家のコンサルティングを頼んだり、いろいろな計画を作成したりする。しかし時には、朝まで決断を保留し、直観的に判断するだけで、正しい結論に到達することも多い。「直観的なアプローチ」というとニューエイジのようだが、それは意識がほかのことをしている間に無意識が決断のような難しい仕事をしてくれるという考え方が基本になっているからだ。

脳の容量では消化しきれないほどの大量のデータが与えられると、「意識的思考」は原則通りにすべての情報に対応しようとする。情報を統合し、関連する知識を記憶から引き出し、それぞれの選択肢の違いを比較対照して、最終的に一番いい選択肢を選ぶというプロセスしか使えない。だが無意識の領域で処理される「マインドレスな思考」にはそういう制約がない。意外かもしれないが次のような実際的な法則が見えてくる。**複雑な決断が必要な時には、まず意識上で情報を集めた後、意識的思考を中断し、時間をかけて無意識に選択をゆだねるのがよい。**

この法則をもっとも明快に実証したのが、オランダの心理学者アプ・ディクステルホイスである。彼は長年にわたって、「無意識の知性」の研究に携わってきた。中でも非常に説得力に富む研究がある。ディクステルホイスが興味を持ったのは、サッカーのことならなんでも知っているサッカーオタクのような人たちは、スポーツ新聞もろくに読まないサッカー音痴な人たち（成人）よりも、勝利チームを確実に予測できるかということだった。彼はその両方のグループに、いくつかのプロサッカーチームに関して、ゴール、アシスト、パスの正確さ、インターセプトなどの未公表の統計を示し、その情報がどのように使われるかに注目した。

チームの過去の試合をさまざまな角度から分析した資料をじっくり評価した場合には、勝利チームを推測する正確さにおいて、オタクグループは初心者グループを圧倒した。それも当然である。オタクたちは頭の中に詰まったすでに持っているデータも合わせて使ったからだ。しかしやり方を変えると奇妙なことが起きた。データを見る時間を2分間に限り、その後はサッカーのことを考えられないように、難しい代数の方程式を解いてもらった。しかも、複雑な計算に取り組んでいる最中に、それを遮って「次の試合ではどのチームが勝つと思いますか？」と尋ねたのである。驚いたことに、今度は初心者グループがオタクグループを打ち負かした！　なぜかというと、必要なデータが手元にない状態で、初心者はたまたま記憶に残った情報だけを頼りに答えたからだ。それはたとえば、雨天や冬季の試合におけるパスの正確さなどであり、こういうデータをオタクたちは重視しなかった。初心者は見せられたデータの中に少し変わった情報があると、直観的に反応し、脳がそれを特別強く記憶する。エキスパートの場合は、脳の中にサッカーに関する事実がすでに大量に溜め込まれているため、予測に欠かせない情報が目立たない。新しい事実を取り込むためには、すでに蓄えられた古い事実を忘れて思い込みを捨てる必要があるのだが、それを大急ぎでするのはなかなか難しい。

　この研究結果は、スポーツの世界以外にも当てはめることができる。怪我をした時にどの医者に行こうかと考える時にも、肥満解消のための食事法や運動習慣を選ぶ時にも、医者が重症患者の診断をする時にも、「直観的な判断」が重要であることは同じだ。また、これと似たテーマの研究で、心理学の高度な教育を受けた人たちに、患者の心理的障害を判定させた実験がある。心理学の専門家を2つのグループに分け、1つのグループには、患者のデータを読んで、4分間考えてから判断してもらう。もう一方のグループは、データを読んだ直後に4分間ワードパズルを解いてもらうので、患者のデータはパズルをしている間に無意識のうちに処理される。結果として、論理的に考えたグループの方が判断は不正確だった。マインドレスに判断した人たちの方が、注意深く考えた人たちに比べ、5倍も正確だったのである。

ここからわかるように、大量の情報を分析、操作、統合する場合などは特に、無意識の思考には有利な面があるようだ。だがもちろん、意識的思考にも明白な優位性がある。たとえば、勧められたオフィスへの移動を受け入れるかどうかという場合だ。自分は景色の見える窓があるオフィスの方が落ち着くとわかっているなら、たとえ快適な椅子がある立派なオフィスを勧められても、その部屋に窓がないのであれば、その事実を意識的に考慮して断るべきだろう。さもなければ、広々としたオフィスに心惹かれて移ったものの、この先の窓のない暮らしを考えて落ち込むことになりかねない。論理的判断と直観的判断の兼ね合いは、どの辺りが一番有効かと考える必要がある。

ではアパート物件を選ぶ場合はどうだろう。こういう決断は非常に難しい時がある。適正な家賃、広い寝室、良質のバスタブ、たっぷりした収納、バルコニー、近所にいいレストランや公園があること、治安のよさ、近くに公共交通とマーケットがあること、また必要ならペットが飼えることなど、望む条件をすべて備えている物件があるのなら、迷う必要はない。しかし現実には、すべてを備えた物件が見つかることはない。アパートを決めるとは「妥協すること」である。こっちは、ウォークインクロゼットはあるが、公園が近くにない。こっちは、台所はリフォーム済みだが、洗面シンクが1つしかない。たいていは、できるだけ満足できる決断をするために、要望をやり繰りすることになる。

2011年、ディクステルホイスの研究チームは、ある実験を行った。参加者たちに、12のアパートの中から1つか2つ、理想の住まいを見つけてもらうというものだ。しかし現実の世界と同じように、文句なしの物件というのはない。一番いいアパートでも、プラス点が8つ、マイナス点が4つという程度である。最低の物件は、マイナス点が8つでプラス点が4つだ。参加者たちにそれぞれのアパートの情報を与え、その直後に決断してもらった場合には、最適な物件を選んだ確率が15パーセントだった。4分間じっくり検討した場合には、確率は29パーセントだった。慎重な判断が衝動買いに勝ることは確かだが、どちらにしてもそれほど効果的ではない。

興味深いことに、情報を与えた後にアパートとはまったく無関係のワードパズルを解いてもらった3つ目のグループも、30パーセントの確率で最良の物件を選んだ。さらに興味深いのは、まず2分間意識的にじっくり考えてから、難しいワードゲームを2分間で解かされたグループの場合である。ゲームの直後マインドレスに即決したこの人たちは、驚くべきことに、58

パーセントの確率で最良の選択を行った。彼らはアパートの情報を2分間しか注意深く検討しなかったのに、倍の時間をかけて検討して、そのあとゲームをしなかった人たちより、2倍効果的に判断することができた。

多くの選択肢がある場合に、ベストの判断に達するのに、マインドフルな思考だけでは不十分だということは明らかだ。「意識的思考」と「無意識の思考」の相対的強みを、どちらも活かして使う必要がある。この発見は興味深いが、まだこれだけでは完全ではない。選択肢がいくつかある場合に、意思決定のプロセスを、「意識的思考」と「無意識の思考」のどちらから始めればいいのかという問題がある。続いて行われた研究によって、その順番が肝心であることがわかった。先ほどのアパート探しの実験で、最初に2分間じっくり考える時間（意識的思考）を与えられた後に、ワードゲームで気をそらされた（無意識の思考）参加者たちは、58パーセントの確率でベストの選択をしたが、その順序を逆にした場合は、正しい選択の確率が30パーセントに落ちたという。

世の中には、「マインドフルネス」に関する本や、「非合理的思考」についての本も数多く出ている。全体性を備えた人間として最適に機能するにはどうすればいいかを、私たちは現在もなお学び続けているということだ。だが、これまで述べてきた一連の優れた研究は、複雑な判断をこなすためのもっとも効率的な方法を示唆している。それは「**意識的思考**」と「**無意識の思考**」の**両方を、この順番で臨機応変に活用することである。**選択肢が多くて高い認知能力を要する状況における、最良の決断法は次のようなものだ。

1　短い時間、状況をマインドフルに熟考する
2　考えることをやめる
3　思考を温める間、何かまったく無関係の活動をする
4　決断する

## マインドレスな介入

私たちはこれまでずっと、自己認識を高めることが成功につながると考えてきた。しかし、この章で紹介した研究者たちが勧めるのは、それとは違うアプローチだ。「無意識レベルを高める」ことによって、大事な目標においてさらに成功できるようになり、それがいい人生につながる。我々はここで、「行動は意識的に気づくことなく劇的に変化しうる」という少し挑発的な考え方を提案したい。**外に表れない無意識の情報処理のおかげで、私たちは強力で、迅速で、賢明な判断ができる。**

業績を上げるという目標に無意識がどう結びつくかを見てみよう。ゲイリー・レイサムとロナルド・ピッコロは、コールセンターの販売スタッフに、顧客に電話する前に1枚の写真を見

せるという低コスト介入の実験を行った。スタッフを3つのグループに分け、1つ目のグループには、3人の電話販売スタッフが笑顔で顧客と話をしている写真（関連のある達成）、次のグループには、女性ランナーが腕を高々と挙げて誇らしげにゴールを走り抜ける写真（関連のない達成）、最後のグループには、彼らが働いているオフィスビルの写真を見せた。ビルの写真を見たグループには何の変化も起きなかったが、達成感を描いた写真を見た人たちは、成約数を58パーセントも増やした。

しかも驚くのはそれだけではない。にこやかに話す販売スタッフの写真を見ながら電話した人たちは、ビルの写真を見ていた人たちより、85パーセント多く売り上げた。どうして業績がそんなに上がったのかと尋ねても、誰ひとりとして、ブース内に新しく張り出された写真に気持ちを鼓舞されたとは言わなかった。さて、10ドル投資して写真と額を用意するのと、何千ドルもかけて社員の士気、モチベーション、成績アップのための高度な研修を行うのと、果たしてどちらがいい方法だろうか。さらに研究者たちは、従業員の無意識に働きかけて業績を上げるこの方法の効果は、すぐに消え去るものではなく、数時間どころでもなく、その週いっぱい持続するということも発見した。

さて次は、もう少し大きな社会的問題を考えることにしよう。前にも述べたように「高齢者、障がい者、同性愛者、異人種の人たちをステレオタイプ的に見ることはやめよう」と人々を説得すると、思わぬ逆効果を生む。そのことが意識にのぼりやすくなるため、ますますステレオタイプで見るようになってしまう。スモーカーたちに禁煙を訴える広告を見せると、かえってたくさん吸うようになるのと同じ理由である。そこで研究者たちは、偏見のために黒人と関わることを拒みがちな成人の白人たちに、「人種偏見はよくない」と直接説得することなしに偏見を捨てさせられないものだろうかと考えた。

彼らは、人種偏見を持つ白人参加者たちにコンピュータ上で映像を見せた。そしてスクリーンに、黒人のポジティブな画像と言葉（黒人の女の子がランチを持ってこなかった友達に自分のランチを分けるシーンなど）が出てきた時は、操作レバーを引いて画像を自分の方に近づけ、白人の画像と言葉が現れた時は、操作レバーを押して画像を遠ざけるように指示した。この繰り返しによって、黒人のよいイメージとそれを評価して近づこうとする気持ちを結びつけ、黒人は避けるべき敵であると思い込んでいた無意識の習慣を修正しようという試みである。この訓練を受けた白人たちは、受けなかった白人たちと比べて、偏見に基づく思い込みが46・5パーセントも少なくなったと、研究者たちは報告している。

だが、脳の回路を変えるというこのやり方で、現実世界においても見知らぬ黒人に対する態度を変化させられるのだろうか。答えは、圧倒的なイエスだった。白人参加者に、黒人（プロの俳優）が椅子に座っている部屋に入って、椅子を近づけて初対面の挨拶をしてもらう実験をすると、パソコンのレバー操作によって無意識のうちに黒人の顔と接近行動が結びついた白人たちの場合は、訓練を受けなかった白人たちに比べて、椅子を近づけた距離が6倍だったという。まったく脳というのは、何と興味深い臓器なのだろう！

多様性の価値の理解に努めている方たちには、外見や価値観が異なる人々と交わることの利点をここで改めて語る必要はないと思う。しかし、人は誰でも自分と共通点を持つ集団に属していて、仲間は外部の人間よりも好ましいと思いがちであることもまた事実だ。信仰を持つ人と持たない人、ベジタリアンと肉食の人、フェミニストとポルノ愛好者、スポーツ好きとオタクなど何であれ、私たちは互いに何らかの偏見を持っている。その偏見は、自覚している場合もあるが、意識していない場合の方がはるかに多い。しかし最新の研究が偏見を正す方法を教えてくれた。ある行動を繰り返すことによって、脳の回路を変化させ、思考をよりよい方に変えられるのである。成功と幸せを生み出すための戦略のひとつとして、こういうマインドレスなメンタルトレーニングを加えることもできるのではないだろうか。

## マインドレスな状態を活用する

ここまで述べてきたのは、「マインドフル」が「マインドレス」よりも優れているとする多くの論文や報道とは対照的な考え方である。マインドレスな思考もまた成功を後押ししてくれることを理解すると、常にマインドフルな状態でいようとするよりも、少し有利になる。そもそも、いつもマインドフルでいたいと思っても、実際には不可能である。この章では、無意識の思考を活用してもらうために、「マインドレスの強み」について説明した。これらの強みは、目標追求、人を信じること、創造性の発揮、偏見をなくすこと、複雑な決断など、生活の多くの面で重層的に見出すことができる。

特定の状況においては、マインドレスな思考の方がより客観的である。これについては、「重要でない単純な問題なら、直観的なひらめきで判断してもいいけど、複雑な決断の場合は、真剣に集中して考える必要があるのでは?」と思う人もいるだろう。だが、マインドフルの方がずっと優れていると思い込んでしまうと実効性が損なわれることがあるということを、この章で読み取っていただければと思う。

マインドレスな状態の力を理解することは、それ自体が「介入」だといえる。従って、普段あまり注目されないこのリソースを利用する訓練が可能である。マインドレスを活用するための近道をさらに紹介しよう。

1 数分考えたがどうしていいかわからない時には、非常に短いデッドライン(たとえば10秒とか)を設ける。そうすれば、否応なしにマインドレスな決断をすることになる。たとえば旅行に誘われて気がすすまない時、意識にのぼってこなくても、行きたくない理由は必ずある。決まったマーケットで買い物をするのは、その理由が必ずある。あれこれ考えるエネルギーを無駄遣いせず、10秒考えたあとで、送信ボタンを押すなり、荷物を車に載せるなり、立ち去るなりすればいい。

2 自分の目標を表す合図やサインを作る。何があっても冷静で落ち着いていたいと思う人。感情を率直にオープンに表したいと思う人。野望を抱きそれを達成するためにはリスクも厭わないという人。リスクを避け間違いを犯さないようにしたいと思う人。それぞれ自分の目標やモチベーションのタイプを表す言葉や絵を、部屋の壁やデスクの上に、飾るといい。

3 とりとめのない思考のための時間を持つこと。マインドフルネスは、精神的リソースを多く必要とする。人間がいつもマインドフルであるように作られていないのはそういう理由だ。思考がマインドレスにさまよっている時、脳は休息中とほぼ同じ状態になる。アイデア同士が衝突しクリエイティブな考えが偶然生じる。家庭でも組織でも、マインドレスな状態を意図的に実行するように奨励するといい。これが、学校のプログラムから、自由遊びや休み時間に体を動かすことを決して外してはならない理由のひとつである

4 次のような原則に従って直感を使うといい。何か単純な選択をしなければならない時は、論理的に慎重に考えた方がいい結論が導き出せる。しかし複雑な状況の決断をしなければならない時には、手に入った情報について数分間じっくり考え、その後は何か別のことをしながら考えを温め（朝まで寝かせてもいい）、その後またその問題に戻ってマインドレスに直感を働かせて決める。

マインドレスとマインドフルの2つの思考法のうち、どちらが優れているかということではない。どちらも相対的に有益であると我々は考える。人間の思考の半分、意識の半分を軽視するようであれば、わざわざ成功や幸せに限界を設けるようなものだからだ。

# 第6章

# ネガティブな感情を反転する

オバマ大統領が、あるいはどこか他国の首脳が、警護チームの目をかすめて、勝手にどこかに行ってしまうことを想像できるだろうか。安全意識の高い今の時代には、ありそうもないことだ。しかし１９０３年に、セオドア・ルーズベルトは、そういうことをやってのけた。大統領としての第１期目が2年ほど過ぎた頃のことだ。カリフォルニア州中央部のヨセミテ国立公園に公務で出かけた際に、おつきの者たちを置いてきぼりにして、2人の公園管理人とジョン・ミューアだけを連れて姿をくらましてしまった。ミューアは大統領とずっと行動を共にし、国が本格的に自然保護を行うことの重要性を説いたのだそうだ。セコイアの森の中で夜を過ごしたり、グレイシャー・ポイントの雄大な絶壁の端まで行ったりしたあと、2人は谷底のホテルで当惑しきっていたスタッフに合流した。この冒険は、今では「歴史上もっとも偉大なキャンプ旅行」として知られている。常識を時にあっさり無視できるこのルーズベルトの能力は、のちに大自然を保護するさまざまな法制定を行う上で、非常に有益だったという。

こういう規則無視の行動や当然のようにそれを行う彼の性格は、この時たまたま現れたものではない。大昔ならいざ知らず、今の時代に一国のリーダーが、冬の間心身を健康に保つためだけに、ホワイトハウスの裏のポトマック川で、裸で泳いだりするだろうか。ルーズベルトは、国民に与える自分のイメージを作り上げて、人々を操作する方法を知っていた。１９００年、ウィリアム・マッキンリーは大統領に立候補するにあたって、ルーズベルトを副大統領候補に選び、彼らは勝利した。その後マッキンリーが暗殺された時には、ルーズベルトがすぐに大統領のあとを継ぐものと国民は期待した。ところが人々はしばらく待たされることになる。彼はちょうどその時、遠く離れたニューヨーク州北部の山でロッククライミングをしていたからだ。ルーズベルトは、自分が有能で、偉大な大統領の資質があると過大な自信を持っていて、特別扱いされることも当然だと思っていた。

世界には彼のようなリーダーがもっと必要だ。だがもちろん、ポトマック川で、裸で泳ぐ人が増えてほしいという意味ではない。

セオドア・ルーズベルトは、強気で、大胆不敵で、行動力があり、自分の性格の陰の部分も許容していた。こういう政治リーダーは、彼の後にも先にもいない。軍人としても優れており、議会名誉勲章を受章している。足の傷がもとでマラリアを発症してもめげることなく、アマゾンの熱帯雨林を何百キロも探検し、どんな探検家たちも行ったことのないドゥー川の奥地へも分け入っている（のちにこの川は、彼の偉大さを称えてルーズベルト川と名づけられた）。また、選挙キャンペーンのためにウィスコンシン州ミルウォーキー市を訪れた時、至近距離から撃たれたこともある。銃弾は胸ポケットに入れていた手書きの原稿を撃ち抜いて、胸の内部で止まった。だが彼は治療を後回しにして、1時間のスピーチを予定通りに行った。政治家としては、国際外交面での功績が認められて、ノーベル平和賞を受賞した。彼はまた、合衆国国立公園局の創設者でもある。これは、国民の幅広い楽しみのために自然を保護するという、世界初の制度だ。どの基準に照らしても、セオドア・ルーズベルトは非凡な男であり、リンカーン、フランクリン・ルーズベルト、ワシントンに次いで、アメリカ合衆国史上4番目に偉大な大統領とされている。

ひとりの人間がどうしてこれほど多くのめざましい業績を挙げることができたのだろうか。彼の成功は、不屈の楽観主義と人への優しさによるものなのだろうか。いや史実は、その正反対だったことを物語っている。ルーズベルトは、自分の人格の明るい部分と暗い部分を、どちらも利用することのできた稀有な人物だったようだ。つまりすべてを包含する「ホールネス(全体性)」を最大限に活かしたのである。

『イブニング・ポスト』紙の編集長だったエドウィン・ローレンス・ゴッドキンは、セオドア・ルーズベルトの「好戦的性格」に関して多くの記事を書いており、「大統領が好きなだけ喧嘩する場所があれば、社会にとって彼の価値はずっと高まるのに」と言っている。しかし我々の見方は異なる。ルーズベルトの持つ「ホールネス」の資質――これを我々は「テディ効果」と呼ぶ――は、人間関係にまつわる不快感を避けることなくそれに対処する能力なのである。

心理学者スコット・リリエンフェルドの研究チームは、この「一見社会性が劣るように見える特質」が持つ優れた適応能力に興味を惹かれた。そして、伝記作家、ジャーナリスト、学者など121人の専門家が、42人のアメリカ大統領のリーダーシップについてどんな見解を持っているかを調べた。それぞれの専門家に、各大統領のパーソナリティについて、240項目におよび質問を行い、その結果を、世論調査やその他の歴史的資料に表れた大統領としての業績と突き合わせたのである。

リリエンフェルドの研究チームが特に興味を持ったのは、サイコパシーとの関連を示す特徴である。サイコパシーというのは、反社会的行動、共感や悔悟の念の少なさ、行動を抑制する能力の低さなどによって特徴づけられる人格の機能障害だ。言うまでもなく、サイコパシーもサイコパス（反社会的人格者、サイコパシーを持つ人）も世間からはあまりよく思われていない。しかし心理学者たちは、サイコパシーの特徴の中には、人を惹きつける魅力、不安によって硬直することがないこと、身体的な豪胆さなど、非常にポジティブな要素がいくつかあると語っている。

リリエンフェルドたちの研究の結果、サイコパシーの傾向（特に怖いもの知らずの性質）を多く持つアメリカ大統領は、より優れた業績を挙げているということがわかった。それらの大統領のサイコパシー傾向と、高い説得力、優れた危機管理能力、進んでリスクを取り新しい法案を提出すること、周囲から世界的存在と見られること、議会とよい関係を維持することなどの優れた特質には、直接の因果関係が見られた。この研究で評価された42人の大統領の中でも、セオドア・ルーズベルトは抜きん出ている。恐れを知らないことでは第1位、尊大な自己中心性では第2位だった。

このあと追加研究が同研究チームのサラ・スミスの指揮で行われた。こちらは大学生や一般社会人を対象にしたものだったが、前の研究と同様の結果が得られたのは興味深い。ここでも、サイコパシーと利他行為や英雄的行為の頻度の高さは関連があるという結果が、繰り返し現れた。

普通の知性と心を持つ人なら、嫌な人間になりたいとは思わないだろう。だが、「常にいい人として行動する」という皆さんの基本姿勢は、もしかすると成功の可能性を20パーセントほど縮めているかもしれない。ある研究は、人格の暗い部分のうち有益なものを戦略的に使うことを勧めている。それらは、ルールに縛られない、支配的、冷淡、恐れを知らない、尊大、人を巧みに操る、遠慮がない、自己陶酔などの特質である。こういう特質は一部の人には嫌われるかもしれない。**しかし万人にほめられる人が、偉大な成功を収めたり、革新的変化を成し遂げたりしたためしはない。**プラトン、マハトマ・ガンジー、毛沢東、ネルソン・マンデラなども、誰からも好かれたわけではない。彼らほどの恐れを知らない強さ、不屈の決意、卓越をめざす絶え間ない努力などを持てたとしたら、その人は必ず批判され、妬まれ、敵を作る。しかし、成功を達成しようとすれば健全な人間関係はまったく望めないかと言えば、そんなことはない。それはセオドア・ルーズベルトが実証している。最初の妻は若くして亡くなったが、彼は2人目の妻と生涯幸せな結婚生活を営み、5人の子どもをもうけている。社会的には感じの悪い行動も、愛する人を遠ざけることなく、人を成功へ導くことができるのである。

歴史を見ると、セオドア・ルーズベルトの特質とされる「テディ効果」は、リーダーたちにとって、権力と幸せを手に入れるという目的にかなった方法だったようだ。モチベーションを生み、業績を向上させ、競争に生き残るためには、時には人を支配し、攻撃し、戦略的に操り、自己中心的（自分、家族、仲間を優先して考える）に行動する自分を受け入れる必要がある。これは企業のリーダーなどに当てはまるだけでなく、他者に影響を与えたいと考えるすべての人について言えることだ。「テディ効果」を受け入れることで、これまでほとんどの人が深く考えずに切り捨てていた20パーセントのネガティブ優位性が使えるようになる。セオドア・ルーズベルトの人生が示したように、健全な人間関係を犠牲にする必要はない。テディは妻や子どもたちに愛され、部下の兵士たちにも好かれ、在任中は国民たちに敬愛されていた。

人を支配したり、攻撃したりすることを、個人的発展のツールとして使うという考えには、少々当惑を覚えるかもしれない。今の社会はモラルに過敏で、リーダーシップの専門家たちの多くは、いわゆる「必要悪」を否定し、そういう方法で獲得した成功は一時のものにすぎないと説く。また、近年の「ポジティビティ」の隆盛により、人に優しいリーダーシップが大事だということが強調される。世論調査会社ギャラップのトム・ラスによれば、最近のリーダーたちは、

組織内にポジティブ感情がより多く感じられるように工夫し……部下たちが持つ資質をいかに引き出すかを考える代わりに、部下たちに投資する機会を探すことに一生懸命だ。彼

らは部下と言葉を交わす機会を、相手のポジティブ感情を増すチャンスと考えている。

怒ったり、主張したり、強さを示したりする傾向が少ない人たちを相手にする場合は、こういうアプローチは確かに有効だ。たとえば、進んでゴミを出したり、芝生を刈ったり、宿題をするよい子が相手の場合には最適である。研究の結果も、人徳のあるリーダーが、部下たちが自信を持てるようにしてあげた場合、部下の仕事ぶりがよくなることを示している。ただし、これらの研究が行われたのは、世の中が繁栄していて景気もよく、金銭的ストレスが比較的少なかった時代である。だが景気の低迷期ではどうなのだろう。そういう時には、人間に生来備わった暗い側面が持つ利点を活かすことを考えるのが理にかなっているのではないだろうか。

## 「テディ効果」の三要素を理解する

常に冷淡だとか、支配的に振る舞うという態度が害をなす可能性があることは否定しない。だが最近は、リーダーの特定の戦略を、病的と見なしたり、モラルに反するからと選択肢から外したりする傾向があり、それが「悪いニュースを部下にうまく伝えられないリーダー」「打撃からなかなか立ち直れないリーダー」「逆境に対処できない社員や国民を生み出すリーダー」を作り出してきたのではないだろうか。ネガティブ感情が時に有益であるのと同様に、ネガティブな戦略もまた、素晴らしく功を奏することがある。どんな利点があるのかを知るために、

「テディ効果」の三要素を詳しく見てみよう。三要素とは、**（1）マキャベリズム**、**（2）ナルシシズム**（自己愛）、**（3）サイコパシー**である。

人間行動の鋭い観察者であった、哲学者のニッコロ・マキャベッリは、500年前に書かれた大著『君主論』の中で、意思決定とリーダーシップに関して具体的なアドバイスを残している。マキャベッリの思考と行動が世に知られるにつれ、マキャベリズムというのは、「今現在の幸福を求めて長期的計画を狂わせることのないように、日々の決断に感情を介入させないこと」だと理解されるようになってきた。マキャベッリが示している原則は、理想的な世の中でどのようによく生きるかということではない。現実の世の中における日々の選択を、正しい時期に、正しい理由によって、正しく行うべきだということだ。そのためには、状況を認識できる感覚を高め、真と偽、荒々しさと優しさの間を行き来できる精神の幅を養わねばならない。「できうる限りは、善を行うべきだろう。しかしどうしても必要とあれば、邪悪な行動を選ぶ覚悟がなくてはならない」とマキャベッリは言う。どう行動するのが一番いいかはその時の状況と合わせて考えるべきだという彼の主張は非常に説得力がある。セオドア・ルーズベルトというひとりの人間が、戦闘においてもまた和平交渉においても、最高の栄誉を受けたことを考えればよくわかる。

マキャベリズムは一般にあまり道徳的ではないと考えられてきたが、ナルシシズムも同様である。しかし心理学者たちは、マキャベリズムにもナルシシズムにも、ポジティブな面とネガティブな面があると考えている。ナルシシズムは、「自分の価値を重視し、自分にはその資格があると考える尊大な感覚」と定義するのがいいだろう。ナルシシストたちは、他者からの承認と称賛を得ることを期待して行動する。それを与えてくれそうもない相手にはまず関心を示さない。ナルシシストのプラス面は、自分が何かを学べると思える相手に出会うと、その人を理想化し、敬意を払って知識やスキルを吸収することだ。また、自分は特別な人間で成功する資格があると考えているので、自信を持ってめざす道を進むことができる。

ギリシャ神話に出てくるナルキッソスは、評判の美少年だ。ある時彼は、池に映った自分の顔を見て、自分とは知らずに恋に落ちてしまった。その姿が忘れられず、食べ物も水ものどを通らず、眠ることもできなくなり、ついには池のほとりで死んでしまう。この話は過度の虚栄心を警告するものである。ナルキッソスは自分自身に恋い焦がれたのだが、その執着は誰から見ても卓越した肉体的美しさに基づいている。ナルキッソスの場合は特殊としても、私たちは表面的な美しさには、これほど魅力を感じないかもしれない。

ナルシシズムには他者の中に卓越した強み（肉体的な美だけでなく）を見出すというプラス面がある。それ以外にもプラス面があるだろうか。ナルシシズムの潜在的な長所について研究した心理学者のロイ・バウマイスターたちは、次のようなことを発見した。「自分には特別の資格があると信じている人たちの欲望の強さは、そうでない人と比べてほぼ同程度だった。しかし違っていたのは、彼らは自分の欲望に関する心理的葛藤が少ないことだ」。つまりナルシシストたちは、自分の欲望に関して、悔やんだり、罪の意識を覚えたり、迷ったりしない。バウマイスターのチームはさらにこう結論づけている。「自分に特別の資格があると考える人たちは、自分が何かを欲することは十分な理由のある当然のことだと思っている」

従って尊大なナルシシストたちは、他の人たちがばかげているとか、自己陶酔だとか、不可能だとして諦めてしまう高い理想を追求する意欲がある。たとえば、ナルシシストは、テレビ番組のホストになりたいと夢見るだけでなく、それを可能にするための行動を起こす。彼らの自己陶酔的な自信は、自分は別格だという感覚から生じる。この「自分は特別な人間で特別な資格を持っている」という感覚が、iPhone、ヒトゲノム・プロジェクト、マイクロソフト・ウィンドウズ、イスラエルの独立、「メインストリートのならず者」などを生み出したと言えるだろう。

さて、次はサイコパシーである。普通の感覚の人たちはおそらく、「マキャベリズムやナルシシズムはまだしも、サイコパシーなんてとんでもない……」と思うことだろう。サイコパスの連続殺人鬼の話などがセンセーショナルに語られるために、この特質に対する世間のイメージは非常に悪い。サイコパスは他者に共感できないため、人との感情的つながりが持てず、従って罪の意識もなく、暴力を振るい、最終的に殺人を犯すのだろうと考えられている。だが心理学者たちは、サイコパシーに関して新しい視点を持っている。リスクが少なくて、状況にふさわしければ、サイコパシーの行動にも利点があると考えるのである。

簡単に言えばサイコパスたちは、人を無感覚にしてしまうような恐怖などの強烈な感情を経験しても、その影響をあまり受けない。たいていの人は、恋人と決定的な大ゲンカをしてしまったら、まず何も手につかなくなる。集中力がなくなり、食べ物ものどを通らなくなるかもしれない。もしこういう困難な状況で、湧き起こる感情を制御することができれば大変有益ではないだろうか。我々の知人に歯医者がいる。ある時彼に冗談まじりに、「治療のためとはいえ、患者に耐えがたい苦痛を与えるのは辛いだろう。どう対処しているんだ」と聞いたことがある。彼はすぐにこう答えた。

患者に挨拶をする時点では、僕は人間なんだ。ふわふわしたカーペットの待合室では、患者に微笑みかけて握手をする。だが診察室のリノリウムの床に立つと、僕は変身する。そこでは感情のスイッチを切ってしまうので、患者はもはやただの上下の歯でしかなく、単に治療すべき対象となる。

これらダークな三要素「マキャベリズム」「ナルシシズム」「サイコパシー」は、どれも大変際どい特質だ。多すぎれば人を傷つけることになるし、足りなければリスクを取ることができなくなったり、力が発揮できなくなったりする。物語に出てくるアンチヒーロータイプの主人公はたいてい、このダークな三要素が核になっている。典型的ヒーローと違って、彼らにはいろいろな欠点があり、見る人に自分だって成功できるのではという幻想を抱かせてくれる。バットマン、ジェームズ・ボンド、ハン・ソロ（スター・ウォーズ）、セブルス・スネイプ（ハリー・ポッター）、ストリンガー・ベル（ザ・ワイヤー）、ティリオン・ラニスター（ゲーム・オブ・スローンズ）などはその例である。

欠点を持つヒロインを挙げれば、スカーレット・オハラ、マダム・ドファルジュ（二都物語）、シェヘラザード（千夜一夜物語）、ジェシカ・アトレイデス（デューン　砂の惑星）、キャリー・マティソン（ホームランド）などがすぐに思い浮かぶ。彼女たちの行動は、私たちの常識に合わないことがあるが、感情に流されないクールさが実に魅力的だ。

## あなたも実は悪い子だった

ダークな三要素にも隠れたいい点があることを述べてきたが、決して皆さんの性格をダークな方に変えるように勧めているわけではない。非があればちゃんと謝るべきだし、ボランティア活動をすることも、後から来る人のためにドアを押さえてあげることも、ぜひ続けてほしい。これからも、いい人のままでいてもらいたい。

皆さんに知ってもらいたいのは、最良の結果を得るために、自分の深部にあるマキャベリやナルシシストやサイコパスを引き出してきて利用するべきかどうか、状況をよく把握する必要があるということだ。それでもこれらの「テディ効果」には違和感を覚えるというかも知れないが、実は皆さんも、すでにそういう行動にある程度馴染みがあるはずだ。たとえば、次のようなことをした覚えはないだろうか。

・家事に貢献しているところを見せるために、妻（夫）が台所に入ってくるタイミングを見計らって、皿洗い機のボタンを押す
・相手を味方につけるために機嫌を取る
・ちょっとした好意を提供して、批評に対する準備工作をする
・自分もアカデミー賞が取れるかもしれないと夢想する
・何かについて話す時、自分を犠牲者のように語り、友人の支持と同情を得ようとする
・ちょっとした嘘を言う
・エレベータで、乗ろうとして近づいてくる人を見ると、閉ボタンを押す

この程度のワルは誰もが子どもの頃からやっていると知ると、ほっとするだろう。研究者アンジェラ・エヴァンスとカン・リーは、4歳の子どもの道徳心について調査した。プレゼントの袋が脇の椅子に置かれている部屋に、子どもを1人ずつ入れる。「袋の中を見てはいけませんよ」と言い聞かせて子どもを残して出てくる。子どもの様子はこっそり観察されているのだが、もちろん子どもは知らない。その結果、80パーセントの子どもが、指示を無視して袋に入

っているおもちゃを覗いたという。エヴァンスたちが知りたかったのはそのことではなく、ズルをしたチビッ子たちがそれを隠そうとするかどうかである。エヴァンスが部屋に戻って子どもに「袋を開けた？」と尋ねると、驚いたことに、覗いた子どもの90パーセントがためらうことなく「開けなかった」と答えた。しかも、IQの点数が1点上がる毎に、嘘をつく確率が少しずつ高くなるという！　人は知能が高くなると、思考がより分析的になり、相手を出し抜いたり、自分に都合よく動かしたりする戦略が使えるようになるようだ。

調査によると、人は誰でも自分は他の人間より出来がいいと思っている。いわゆる「人並み以上効果」である。計算上そういうことはあり得ないのに、ほとんどの人は、自分は平均以上だと考えている。ある調査によれば、人とうまくやる能力に関して尋ねたところ、回答者の25パーセントが、自分はトップ1パーセントに属すると答えたという。車の運転技術に関して尋ねた別の調査では、回答者の93パーセントが、自分の運転の腕は平均以上だと答えた。また、同棲中のカップルに1人ずつ、家事の何パーセントをやっているかを尋ね、双方の数字を合計すると、必ず100を超えるという。**普通の人は誰でもナルシシスト的な幻想の中に住んでいる。しかしこの虫のいい思い込みがあるからこそ、私たちは不確定でやっかいな現実に立ち向かう自信が持てるのである。**

「人並み以上効果」に関するこの調査結果は、ナルシシズム（自己に対する関心がきわめて高いこと）が（少なくとも米国では）増加傾向にあるという調査結果と相通じるものがある。サンディエゴ州立大学のジーン・トウェンギと、ジョージア大学のキース・キャンベルは論文の中で、ボブ・ディランではないが「時代は変わる」と述べている。トウェンギたちのチームはある研究で、日々の話し言葉の中で「we」や「us」と言った集合代名詞の使用例がわずかに減少し、その代わりに第一人称の「me」や「mine」の使用が増えてきていることを指摘した。

こういう「ユニークさ」を求める傾向は、子どもの名前の付け方にも表れている。トウェンギたちは、過去100年以上の子どもの名前の変化を調べ、親たちがだんだん個性的な名前を付けるようになっていることを発見した。たとえば昔は、男の子の40パーセントが、その年のもっとも一般的な10の名前（ジョン、マイケルなど）のどれかだった。しかし現在では、その割合は10パーセントに満たない。我々著者（トッドとロバート）も、合わせて5人の子どもたちに、ヴァイオレット、クロエ、レーブン、ジャヤンティ、ジェディという名前をつけた。ヴァイオレットとクロエだけは、今大変人気のある名前だが、ほかの3人は一般からかけ離れた名前を持っている。この傾向が続けば、将来の子どもたちは、世の中に自分だけという名前を持つようになるだろう。

確かにナルシシズムは増加傾向にある。皆さんも職場に、感情的にもろく、人を信用せず、敵対的で、賞賛を求め、自分だけは特別だというタイプの人が増えたと感じているのではないだろうか。周囲の人間に対する接し方は、近年大きく様変わりした。昔は喧嘩をしてもそれを根に持つことなく、次の日には肩を叩き合い、互いへの敬意が少し増して、また一緒に仕事をするということがよくあった。優越感を脅かされれば誰でも反発するものだが、近頃はその反撃が容赦ないものになってきた。しかもそれは、自分が勝って相手が負けたという状態になるまで続く。

近年は高速道路上でそういう現象がしょっちゅう起こる。道路上の自分のテリトリーを守るために、車間をできるだけ詰めて車の割り込みを防ぐ努力に、どれくらいの時間を費やしているだろう。こういうことをやっている間、身体には余計な負荷がかかっていることをご存じだろうか。血圧は上昇し、手足の筋肉も緊張する。さもなければ、ほかの車がこちらを入れさせてくれないとそれを個人的な挑発と受け取ってカッとなり、車線を変えて高速道路から降りてしまったりすることがないだろうか。

ちょっと客観的にこういう人々の行動を眺めてみると、このナルシシスト的もろさと、戦闘でもしているみたいに自分の領域を守ろうとする敵対心は、少々異常である。オンラインではそれがいっそうひどくなる。まるで自分には、人をけなし人が作り上げたものをズタズタに批判する特権があるかのように思っている人たちがいる。本を1冊執筆するのに、1本の映画を製作するのに、世界選手権に出場するのには、何年にもわたる多大な努力が必要になる。だがその成果を酷評するのは、ほんの2、3分でできる。こういう敵対的な競争意識やゼロサム・ゲームは、ターゲットになった人を打ちのめし、精神健康上きわめて有害である。

トウェンギとキャンベルのチームが世の中の行く末を嘆くのはもっともである。しかし彼らが忘れているのは、ナルシシズムの強まりに伴い、そのプラスの側面つまり、「優越をめざす」という側面もまた強まっているということだ。この側面は世間では「強み」とは認められていないが、周囲の称賛を得たいと思う人は、人を惹きつけるような自信に満ちた堂々とした行動を取るので、次のような社会的に望ましい結果につながる可能性がある。

・成功
・リーダーとしての地位
・権力と影響力
・魅力と人気
・壮大な夢を実現させる能力

ナルシシストたちは、自分自身に壮大なビジョンを持っている。そのため、自分がいかに個性的で、先見の明があり、有能かを世間に示すことを目標とし、真剣にそれを追求する。

善人でさえも悪い行いをすることはある。それは時に「テディ効果」を使うためである。しかし、だから「テディ効果」はよくないと思ってしまうと、いくつかの意外な側面を見落とすことになる。たとえば、何らかの困難な状況に遭遇した時に、たまたま居合わせた見知らぬ人を助けるのは、サイコパスの傾向がある人か、ネガティブな特質のない人（ポジティブな人）かどちらだろう。
心理学者メフメト・マフムトは、訓練された俳優たちを使って、たまたま通りかかった人がどういう場合に他人のトラブルに介入するかを調査した。俳優が扮した見知らぬ人が困難に出会っている状況を作り出し、何も知らない実験参加者たちがそこを通りかかるようにしたのである。最初は、道に迷った人が参加者に近づいて道を尋ねる。次は、女優が扮する通行人が、参加者とすれ違う際に、道に書類の束を落としてしまう。最後に参加者たちは、腕を三角巾でつった怪我人がひとりでテーブルに座っているところに通りかかる。怪我人は水を飲むにも、紙に何かを書くにも難儀している。

道を尋ねられた時、サイコパス傾向の参加者で立ち止まって教えた人は少なかった。書類を道にばらまいて慌てて拾おうとしている女性を助けたのは、サイコパスの人もポジティブな人も同じ割合だった。見知らぬ怪我人が不自由しているのを見て親切に手助けした割合は、サイコパスの人たちの方が、ポジティブな人たちよりずっと高かった。英雄的行為になりそうで、周囲に自分の美徳を示せて、関わり合いになるのに不安があるような状況では、サイコパスの強みが光る。そういう状況では、ふだん親切な人たちの方が、かえって何もせずに通り過ぎてしまう。自己陶酔傾向のある人たちは「大きなできごと」に関心が高いのである。ナルシシストたちは称賛を浴びたい。世間にアピールするような状況では、その欲求が行動を起こすモチベーションになる。

## 影響力を行使する

「マニピュレーション（操作）」という言葉からは、ネガティブなニュアンスが感じられる。たとえば、詐欺師などが人を騙して何かさせることや、超能力者だと偽って人から何千ドルも騙しとるような行為を思い浮かべてしまう。だがマニピュレーションというのは、単に人をコントロールしたり人に影響を与えたりするという意味であって、ビール会社が愉快なコマーシャルで皆さんをちょっと幸せな気分にして、ビールを買う気にさせるのも、マニピュレーションの1つである。また、後続車があなたの車にぴったり近づいて車線を変更しろと迫るのも、マニピュレーションといえる。サン・ホアキン郡の元保安官ロバート・マークは、スピード違反で他の警官から路肩に停められた時には保安官バッジを見せて、「保安官なんだから、スピード違反はいけないね」と何食わぬ顔で切り抜けていたそうだ。**毎日誰もが何かしら、こんな風に影響力を行使しているのである。**

マニピュレーションという言葉が不快に響く理由のひとつは、強い立場を利用する感じがするからだろう。下劣なセールス手法には、安値で人を釣って実際には高く売りつけるとか、ドアを閉めようとすると足を入れて閉めさせないなどというものがあり、そういう話を聞くと不愉快になる。心理学者のロバート・レヴァインが、ある自動車販売の手法について説明しているが、そのプロセスは実に狡猾だ。彼が話を聞いた販売員によれば、まずバカバカしいほどの低価格を提示するのだそうだ。だがそれは客を店におびき寄せるエサである。実際に客がやってくると、その販売員は電話がかかったと言って突然席を外し、同僚にあとを引き継がせる。その同僚の販売員は、最初の男が勘違いをしていて、実際にはその車の値段はもう少し高いのだと説明する。

こういう計略を知ると、私たちはカッとする。そして、基本的な事実を忘れてしまう。客は実際に車を買いたいと思っているということだ。そして販売員はそのプロセスを早めたいと思っている。客を騙して店に来させる行為は不正直であるが、車を買いたければまず来店することが第一歩であり、その意味でこの策略は顧客の役に立ったことになる。

比較的害のないマニピュレーションの例としては、NPOが寄付を集める行為などがある。食品メーカーの広告と同じように、慈善事業の団体も、どうやったら人々にしぶしぶでも金を出させるか、その方法を一生懸命に考えている。金を引き出すことに関する研究まである。ダートマス大学タック経営大学院のダニエル・フェイラーの研究を見てみよう。彼は慈善団体が使うさまざまなタイプの訴えを調べようと考えた。まず1つ目のタイプは、「利己的な訴え」で、「寄付をすると、あなたがいい気分になりますよ」というもの。2つ目のタイプは「利他的な訴え」で、「寄付してくれたお金で、貧しい人たちに食料を与えられます」というもの。これらのどちらかのタイプの勧誘をした場合、人々が大学の同窓会に寄付をした確率は、どちらも6・5パーセント程度だった。ところが、それらの訴えを両方とも行うと、寄付の確率が半分になってしまった。人々は寄付を懇願されること自体に抵抗はないが、度が過ぎると、操られているような気がして嫌になってしまうようだ。この研究からわかることは、他者に影響力を及ぼす時の唯一のルールは、「相手が操作されているとわからないようにやる」ということである。

また警察官の仕事にも、マニピュレーションや影響力がプラスに働く例を見ることができる。警官は日々直面するさまざまな事態において、社会の安全のために他者に影響力を行使しなければならない。飛び降りようとしている人に思い留まるよう説得したり、裸の人に服を着るように言ったり、夫婦げんかの2人に冷静になるように語りかけたり、人質を解放するよう交渉したりする。警官たちはもちろん、拳銃、催涙ガス、テーザー銃、手錠など、物理的介入の手段も持っている。だがその他に、身ぶりや言葉を使って、緊迫した状況を鎮める方法も訓練される。有能な警官であるためには、マニピュレーションの達人でもなければならないのである。

他者に影響を与えるためのテクニックは、オープンな対話から武器を使った対応までいろいろある。我々はこれらのアプローチを、「ハード」と「ソフト」に分けて考えている。「ハードなアプローチ」は、あからさまで劇的で、時に威圧的である。1981年、全国規模の航空管制官ストに対処した時のロナルド・レーガンのやり方が典型的だ。わずか3分のスピーチで元大統領はこう宣言した。「彼らの行動は法律に違反している。48時間以内に職場に戻らなければば、雇用を放棄したと見なされ、解雇される」。相手の状況を理解しようと手を差し伸べることも、交渉の話し合いを呼びかけることもしない強硬な姿勢で、しかも脅しではなかった。レーガンはこの時、1万1000人以上の航空管制官を解雇した。

人々が「テディ効果」戦略に悪いイメージを持つ理由のひとつが、こういう強硬なやり方だ。しかし「ハードアプローチ」について、人を騙して金品を巻き上げる昔ながらの詐欺のイメージばかりを持ってはいけない。身の回りにはけっこう「ハードアプローチ」の例が見られる。たとえばプロスポーツの試合で、顔に絵具を塗りチーム公認のシャツを着ているような熱心なファンたちの行動だ。彼らは地元チームには声援を送り、敵方にはヤジを浴びせる。バスケットボールの試合では、ガラスのバックボードの後ろに座っているファンたちが、サンダースティックスという音の出る棒を振って、フリースローをする敵方の選手の集中を乱そうとする。ダラス・マーベリックスは、神経科学の専門家の「みんながバラバラに振るよりも一斉に振った方が視界を邪魔する効果が大きい」という意見を取り入れて実行し、2回の試合で、敵方のフリースローの成功率をおよそ20パーセントも減らしたという。

こういうハードな影響力は、特に攻撃と結びついた時に有効であることが科学的に証明されている。ある調査で、10人ほどの参加者にスポーツの試合を見せ、ある条件では選手たちに声援を送り、別の条件の時にはヤジを浴びせ、それ以外の時は黙っているように指示した。やじの影響力は大きく、選手たちの動きは、応援されている時や静かな時よりも悪くなった。

またさらに説得力のある研究結果がある。イリノイ大学対カンサス州立大学の実際のバスケットボールの試合で、ヤジの効果を追跡調査したものだ。研究者たちは、ビジターチームに対するヤジが15分続いた後の5分間、ホームチームとビジターチームの試合ぶりがどのようなものになるかに注目した。そのような非常に不愉快なヤジが起こるのは、全部の試合の半数ほどにすぎない。が、実際に起きた場合には、その影響は顕著だった。ヤジの後すぐにホームチームは得点し始め、反則が減り、ボールを奪われることも少なくなった。ビジターチームの方は逆に、なかなか得点できず、ボールを奪われる回数が増え、反則が増えた。イリノイ大学のバスケットボール試合会場を埋めた1万7000人のファンたちはもちろんサイコパスの集まりではなく、きわめて普通の人たちである。だが彼らは「テディ効果」が自分にとって有利だと思えばそれを使う。

相手を操作する「ハードアプローチ」の例をもうひとつ挙げよう。北バージニアからテディ・ルーズベルト橋を渡って州境を越え、ワシントンDCに入った最初の信号で止まって左を見てほしい。緑がかったグレーのスリーピースを着た男が立っているだろう。清潔な手でボール紙の切れ端を掲げていて、そこには「コカインを買う金をください」と書かれている。男は車の運転席に微笑みかけ、ベルベットの帽子の中にいくらかの金を入れてほしいと身ぶりでせがむ。ほとんどの人は、さげすむ言葉を浴びせて、あっちへ行けと追いやる。そこから数メートル先には、別の男が立っている。ぼさぼさの髭には土くれや卵の殻のかけらがこびりつき、格子縞の汚い毛布を体に巻きつけている。彼の眼は必死に憐れみを乞い、手に持ったボール紙には「助けてください。食べるものがありません」と書かれている。人々は車を停め、窓を開けて1ドル札や5ドル札を渡してやる。1日の終わりに、男のポケットは札で膨れ上がる。

我々はこの2人の男に話を聞いた。皆さんもすでにお気づきかもしれないが、彼らはグルである。最初は別々に物乞いをやっていた。しかし情報を交換するうちに、こういう対比を見せることで金がもらえるということがわかってきた。2人は数日おきに役割を交代して楽しんでいた。それ以来、収入は非常に増え、今ではこれをやめてファストフードの店で最低賃金を稼ぐ気にはなれないという。特に楽しいのは、人々が彼らを「詐欺師」と呼んで笑い、それでも面白がって金をくれることだ。

2人はこのマニピュレーションを、悪いことだと思っていない。彼らが受けた教育は2人合わせても13年間で、どちらも長い間周囲の大人から身体的・精神的虐待を受けてきた。彼らはやっと、金が稼げる小さな「ニッチ」を見つけたのである。その創意工夫に対して、私たちは少々の金を払ってやらなければならない。これはマニピュレーションが、文字通りにも比喩的にもアートとなっている例である。その作品が上出来であるために、人々は当然のことのように気持ちよく金を払う。一時的にでも相手の視点に立って、相手が何を欲し何が行動の動機になるかを知らなければ、相手と真の対話をすることも、行動に影響を及ぼすこともできない。

人に影響を与える「ソフトアプローチ」の方は、これら「ハードアプローチ」よりずっと微妙なものだ。自分の魅力で相手を誘惑することもよくあるし、ほのめかしや微笑みを使ったり、権力を持つ人の名前を何気なく出したり、相手の競争意識をあおったりする方法もある。ソフトアプローチは、「相手との間に対立を起こすことなく、相手に快・不快の感情を呼び起こすこと」と定義することができるだろう。

強硬なやり方は性に合わないという人は、典型的なソフトアプローチを使ってはどうだろう。相手に少々罪悪感を持たせるのである。これは前にも述べたように、影響力を行使するためにごく一般的に使われる方法で、次のような3つのタイプがある。

1　こちらが多くの自己犠牲を払っていると知らせる（助け合わなければという気持ちにさせる）
2　関係を維持するための義務について思い出せる（責任感に目覚めさせる）
3　相手が望ましい行動を取った時のことを指摘する（行動を変えるのは簡単だと気づかせる）

皆さんは配偶者や恋人にこんなことを言ったことはないだろうか。「あなたは出かけて映画を楽しんでいらっしゃいな。私は残って台所の掃除をするから」あるいは「君が嫌なら君の妹に頼むよ。彼女なら喜んでやってくれると思う」これらは、マニピュレーションとしてはかなり威力がある。

戦略として罪悪感を使うなんて、性格の悪い母親や、身勝手な友達だけだと思ったら間違いだ。それがよいことにつながる場合もある。「誰も会いにきてくれないのよ」とこぼすお祖母さんは悪い人ではない。彼女の言葉は、義務を果たし関係を維持するためにしなければならない当たり前のことを、私たちに思い出させてくれる。オレゴン州ポートランドを本拠地とするサッカークラブ、ティンバーズの新監督カレブ・ポーターの場合もそうだ。彼は選手たちに向かって、自分がいかに試合に負けるのが嫌いかという話をした。選手たちはコーチを失望させたくないとプレッシャーを感じ、それがうまく働いた。底辺をさまよっていたチームが、次のシーズンでいきなり、ウェスタン・カンファレンスのチャンピオンにのし上がったのである。

ソフトアプローチの例をもうひとつ紹介しよう。ポートランドに住む、レイチェル・バーネットのエピソードである。

私は17歳でした。クリスマスの前、近所のショッピングモールに出かけた時のことです。友達を乗せて、高速道路を70マイル（112㎞）で走っていて、制限速度35マイル（55㎞）の工事個所も、その速さで走りすぎてしまったんです。白バイの警官が追いかけてきて、脇によけて停まるように合図しました。警官が近寄ってきた時、私は泣き出しました。警官に呼び止められたのは初めてだったので、すっかり気が動転したんです。ただ、泣くのをやめる努力をしなかったのは、警官に対して涙が有効だと知っていたからだと思います。警官は、今後は制限速度を守ると約束するかと尋ね、私はもうひとしきり泣いてから

「ハイ」と答えました。警官はそのまま行かせてくれました。

レイチェルの話は示唆に富む。わざとしたことではないが、マニピュレーションでもあるからだ。気が動転していたのは本当だ。彼女は、まったく冷静でありながら泣き真似ができるサイコパスなどではない。それでも、警官に「取り乱していますが気にしないで。スピード違反をしたのですからチケットを切られて当然です」とは言わなかった。実際に彼女は、取り乱していることが警官に同情心を起こさせ、自分に有利に働くと知っていた。

ソフトアプローチは、相手にお世辞を言ったり、著名人の名を出したり、お互い様を強調したりという形で、人間関係の潤滑油としてもよく使われる。それだけでなく、非常に利他的な理由で使われることも多い。たとえば慈善事業は、世間から尊敬されている有名人の協力を仰いで、人々の関心を広めようとする。また人間関係（特に友人関係、恋愛関係）に起きる対立を解決する時にも、ソフトな説得手法がよく使われる。たとえば、男がガールフレンドの不機嫌をなだめようとして「それは本当に大変だったね」などと言う。こういう同情は期待通りの効果をもたらす。その場のピリピリした空気が和らぎ、双方にとってよい結果につながる。もちろん効果のほどは、言葉にどのくらい説得力があるかによるのであって、誠意がこもっていなければうまくいかない。忠告などを反射的に口にする代わりに同情の言葉をかけることは、意図的に戦略として使うことができる。この影響力の行使も、真正のものであると同時に戦略的だといえる。

## 世界はすべて芝居だ

シェークスピアは、男も女もすべて「人生」という壮大なドラマの役者であると言い切っている。それぞれの人間は、ドラマに登場する時と退場する時があり、そのドラマの中でさまざまな役割を演じる。心理学者もこの考え方に同感である。実際、心理学者は人間関係を論じるのに「役割」とか「台本」という概念を用いることが多い。たとえば、近所の食品店でレジ係と言葉を交わす時、普通は台本通りに会話が行われる。「やあ元気?」と言葉をかければ、答えはたいてい「はい」に決まっている。時間が余れば、天気のこと、クリスマスや歳末のこと、店内の込み具合などについて話す。

また私たちの言動の大部分は、(認めたくない人もいるかもしれないが)周囲(つまり観客)を意識して行われている。たとえばこんな経験はないだろうか。郵便を出しにいく途中で雲の動きに目を奪われていて、靴紐を踏んでつんのめった。だがそのまま少し駆け足をして、いかにも最初から駆け足をしたかったかのように取り繕う。こういう光景を見るのは楽しいし、その心理状態を考えるのは非常に興味深い。

世界が芝居であり、周りの人たちが観客であると考えれば、自分に有利なように、またほかの人たちの役に立つようにマニピュレーションを行う機会があることがわかる。ビジネスの交渉、国家間の和平会議、法的な調停などには、多かれ少なかれ必ず何らかの「演出」があるものだ。たとえば、紛争当事国同士が話し合いをする場合などは、「進行中の紛争に関する公的発言は行わない」ということを相互に同意する。それを侵せば自国の立場を確定してしまい、相手の怒りを煽る可能性があるからだ。

ジェフ・ダールは、フロリダで10年以上も人身傷害請求に関わる仕事をしてきた弁護士である。彼が行う「演出」もマニピュレーションのひとつではあるが、双方にとって有益に働くことがあると説明してくれた。フロリダも他の多くの州と同様、訴訟が裁判に持ち込まれるより調停によって決着されることを好む。ある時ダールは、交通事故で負傷した30歳の原告と保険会社の間で調停を行っていた。彼は原告とその弁護士をひとつの部屋に入れ、保険会社の代理人を向かいの部屋に入れた。どちらの部屋も廊下側がガラスなので、互いの様子が丸見えである。

ダールは2時間ほどの間、両方の部屋を行ったり来たりして、双方の主張に忍耐強く耳を傾け要求を確認した。最後に保険会社側は7万ドルの支払いに同意した。これは原告の要求額なので、これで話がまとまるだろうとダールは期待した。ところが、原告の若い男は高額な保険金が手に入ることに舞い上がってしまい、要求をさらに吊り上げた。保険会社の代理人はこれ以上の額に応じる権限を与えられていない。調停が泥沼の訴訟に移行することを怖れたダールは、ちょっとしたドラマを演出することにした。

彼は保険会社の代理人の部屋に戻った。代理人は原告が提案を受け入れたという知らせを待っていた。ダールは、原告がさらに高額の保険金を要求したという事実を伏せて、こう言った。「7万ドルという額があなたのベストの提示金額で間違いないですね。では書類を鞄にしまってここから立ち去ることで、それを示してください。もうほかにしていただくことはありませんから」。代理人はダールに言われた通り、書類を鞄にしまい始めた。

この瞬間、ダールは慌てふためいた様子で向かいの部屋に駆け込んだ。「大変です！　代理人が提案を取り下げて、帰ってしまいそうです。すぐにこの提示金額に応じた方がいい。そうすれば双方満足して帰れます」。数分後、双方は同席して書類に署名した。このダールの行動は誰が見てもマニピュレーションにほかならないが、双方の利益を考えた上での行動であり、しかも大成功だった。

物事をうまく運ぶためにこういう演出が使える場面が、皆さんの生活の中にないだろうか。嘘を言うのは抵抗があるという人も――もしかしたら――いるかもしれない。また嘘は悪いことだと、杓子定規に考える人たちもいるだろう。不思議に思うかもしれないが、多くの人が恐ろしく話下手なのは、それが理由である。友人が経験談を話してくれるのだが、詳細な事実がじゃまをして、何が言いたいかさっぱり要領を得ないということがないだろうか。「その時、微積分のクラスに出てたの。クラスは9時始まりで……あ、違う。あれは10時始まりだったたっけ……」という具合だ。少々サイコパスがかっている人の強みは、別にどうでもいい正確な詳細にこだわらないので、人とのつきあいが滑らかにできることである。サイコパスの人たちは、物事を広い視野で見ることができ、より重要なことに役立つように状況を操作する。普通の人は――裏切りや不道徳な動機を含んでいる時には特に――真実を少々曲げるということがなかなかできない。だが、真実がどちらとも取れる場合に、それを他の人のためになるようにうまく操作できるなら、サイコパシーもまんざら悪くないツールに見えてくる。

しかし、ダールのような人たちは、緊張を伴う状況で、どうやってあのようにうまく行動できるのだろうか。ダールは親切で温厚な人物で、どう見てもサイコパスではない。しかし彼が、素早く考えることができ、ストレスの高い状況でも冷静でいられる人並み外れた資質を持っていることは確かだ。サイコパスの特徴とされる「感情の切り離し」は、交渉調停人、救急外来の医者、人質解放の交渉人などにとっても、有益な資質である。また、「演出」を行うにはもうひとつの要素が必要とされる。何を言うべきかを心得ているということだ。サイコパス傾向のある人たちは、役者がセリフを覚えて自信を持ってしゃべるのと同じように、自分がしていることを正しいと信じて行動することができる。また、サイコパス能力を持つ人たちと役者には、それ以外にも「即興」という共通のスキルがある。物事がうまく運ばない時には、彼らはこの能力を使って切り抜けるのである。

他の人に影響力を行使しようとする時に、「演出」を有利に使う方法がもうひとつある。それは舞台監督のように、人々に役を割り振ることである。社会心理学者たちは、人々が果たしている役割――娘、夫、ライフガード、上司、ボランティアなど――が、行動に実際的な影響を及ぼすということを、以前から知っていた。それを実証したのが、フィル・ジンバルドが行った有名な「スタンフォード監獄実験」である。ジンバルドはスタンフォード大の学生を数人集め、一部に受刑者の役を、残りの人たちに看守の役を演じさせた。これが数日続くうちに、看守たちは次第に冷酷な行動を取るようになっていった。受刑者たちに腕立て伏せを際限なくやらせたり、睡眠を妨げたり、独房に入れたりした。しかし、これらの「看守たち」は、数日前までごく普通の心を持った大学生だったのである。

「役割」には、驚くほど威力があり、それは下劣な行動を導くものだけではない。たとえば中国人小学生リン・ハオの例は、実に感動的である。2008年夏、北京オリンピックの開会式で、先頭に立って入場するバスケットボール選手ヤオ・ミンの隣を歩いていた小さな姿を覚えている人もいるだろう。この開会式の数か月前、彼の家があった四川省は大地震に襲われた。建物が崩壊し、7万人近くが犠牲になった。わずか9歳のリンは、崩壊した学校で、がれきの下から同じクラスの2年生2人を救い出したことで、ニュースに大きく取り上げられた。彼は英雄的行為について尋ねられると、「だって僕は安全係なんだ」と、まるでがれきの下の級友を助けることが自分の役目であるかのように語った。

人を努力家でイノベーティブな人間にしたいと思うなら、一番簡単なのは、能力を最大限引き出す役割を与えることだ。アメリカ人のピーター・リンドバーグは、台湾で英語教師の仕事をしていた時、子どもたちに英語の名前をつけると彼らの態度が大きく変化することに気づいた。控えめで静かだった子どもたちが、突然まるでアメリカ人のように積極的になる。最近のビジネス界でも、「役割のパワー」を利用する傾向が見られるようになり、「学習ディレクター」とか「遊びのディレクター」など、いろいろなタイトルを社員に与えているようだ。こういうタイトルは低俗な感じもするが、これによって人に、特定の態度を取るお墨付きを与えることができる。

## ナルシシストは1人より2人いる方がいい

コーネル大学のジャック・ゴンカロの研究チームは、グループ内におけるナルシシズムの効用を調べることにした。調査の参加者4人ずつのグループを73チーム作り、困難な問題を抱えた企業のために組織コンサルタントとして働いてもらうと告げた。イノベーティブでしかも実現可能な行動プランを作り出すことが目標である。参加者たちはもちろんプロジェクトを成功させたいと思っているが、それに加えてプレッシャーもある。組織心理学の専門家が2人、各自のアイデアを評価して、もっとも優れた人材を選ぶと言われているからだ。

まず事前に、292人の参加者それぞれの「ナルシシスト的傾向」を評価する。その後、73のチームは数週間かけてプロジェクトに取り組む。そしてプロジェクトが完成した後、各自に「アイデアについてどのように話し合ったか」「決断を下す前にすべての可能な選択肢について考えたか」など、グループダイナミクスについて尋ねた。さらに専門家が、各グループが打ち出した解決策を評価した。その結果、ナルシシスト的リーダーは本質的に好ましくないという一般的な見方に反し、「ナルシシストが少なすぎても多すぎても最適なグループダイナミクスは生まれず、創造性も限られたものになる」ということがわかった。グループ運営面から見ても、生み出されたソリューションの質から見ても、ナルシシストがグループ内に1人ないしゼロの時に比べ、2人いる状況が最適だという結論が出た。

皆さんは、「グループにナルシシストがいるなんて、どこがいいのだろう」と思っているだろう。しかしナルシシストは2人いると特に具合がいい。それはイノベーティブに考えようとする時には、規範やルールが妨げになることが多いからだ。創造的であるためには、「こうでなくてはならない」という思い込みに挑戦する必要がある。ナルシシストは、自分だけは特別だと思っており、壮大な幻想を持っているので、アイデアが世間的に見て適正かどうかということに関心がない。ばかばかしいとか実現不可能だとしてさっさと切り捨てられるようなアイデアが、ナルシシストにとっては恰好の獲物となる。マイケル・マコビーは、『ハーバード・ビジネス・レビュー』誌の中で、人々に議論をやめさせ行動を起こさせる偉大なナルシシストたちの例をたくさん挙げている。

ナルシシストたちはどんな時代にも必ず現れて、人々を鼓舞し未来を形づくってきた。軍隊、宗教、政治が社会を支配していた時代には、ナポレオン・ボナパルト、マハトマ・ガンジー、フランクリン・ルーズベルトといった人たちが、人々に今何をすべきかを示した。ビジネスが社会変化を牽引する時代になると、時にビジネス界にもナルシシストのリーダーが生まれるようになった。今世紀の初めには、アンドリュー・カーネギー、ジョン・D・ロックフェラー、トーマス・エジソン、ヘンリー・フォードなどのリーダーたちが、新しいテクノロジーを存分に活用して、アメリカの産業を作り変えた……ジャック・ウェルチやジョージ・ソロスなどもまた、「生産的ナルシシスト」である。彼らは才能に恵まれたクリエイティブな戦略家で、大局を見ることができ、世の中を変え次代に偉大な遺産を残すという難しい挑戦に意味を見出した。時代の転換期に現れるこれらの「生産的なナルシシスト」たちに私たちが関心を持つのは、彼らが、社会が周期的に経験する巨大な変革の波を突き進む大胆さを備えているからだ。「生産的ナルシシスト」たちは、目標を達成するために積極的にリスクを取る人間というだけでなく、話の巧みさで大衆を動かすことができる魅力的人物でもある。

ナルシシストは何かしら思い切ったことをして、世間の注目を集めたがる。世の中のトレンドを決める存在でもある。彼らが既存のルールを破ると、世の中がそれに従う。創造的であるために不可欠なことは、間違ったり失敗したりしても、世間から好奇の視線を浴びても、平気でいられることだ。グループの中にナルシシストが1人しかいなければ、周りから好奇の目で見られたり笑われたりするだけかもしれない。だがナルシシストが2人いれば、たった2人でもその威力は大きく、もはや無視できなくなる。親切で思いやりがあり利己的でない（つまりナルシシストでない）メンバーたちの心を動かして、手法を変更し、現状に挑み、何か賞賛に値することをやってみようと思わせることも可能になる。

「テディ効果」にはもうひとつ、創造性にとって有益な働きがある。この特質を持つ人は簡単に納得しないということだ。クリエイティブな人たちは、自分のアイデアに酔ってしまう傾向がある。ひとつには創造的なひらめきが快感として経験されるため、その心地よさとアイデアのよさが混同されやすいからだ。失敗作のニュー・コーク、おかしな格好のスズキX90、激辛ハバネロ・ドリトスなども、役員室では素晴らしいアイデアだと感じられたのだろう。そんな時に水を差す批判的姿勢や、心理学者がいう「抑うつリアリズム」があれば、アイデアに酔ってしまう傾向に歯止めをかけられる。心理学者ハンス・アイゼンク（知性・人格テストのパイオニアの1人）は、「ブレーンストーミングは激しい批判が行われて初めて有益だ」と言ったことで有名だ。親や教師それに組織は、なぜこのアドバイスを取り入れないのだろう。

組織は創造性を求めていながら、同時にそれがコントロール可能なものであることを望む。マネジャーにとって昔から頭の痛い問題は、問題解決に優れた社員ほど、ルールを守ることや細かい仕事をやり遂げることが苦手だということだ。ビジネスは新しいアイデアを喜ぶのに、それに伴う不確定性を嫌がる。これらの矛盾に、私たちはどうやって対処すればいいのだろう。幸い、ペンシルベニア大学ウォートン・スクールの心理学者、ジェニファー・ミューラーたちが行った10年以上にわたる創造性の研究が参考になりそうだ。

彼女が調査の際に使った架空の状況を皆さんも想像してみよう。あなたは勤勉な会社員で、ある時、会社に新たな資金がもたらされるという話を聞いた。社員にも臨時ボーナスが出るようだ。しかし、ボーナスを分配するために各社員の貢献度を考察するのは大変なので、ボーナスの額はくじ引きで決められるという。あなたは興奮すると同時に、不安な落ち着かない気分になるだろう。こういう状況になった社員たちに調査に参加してもらう。参加者は全員パソコン上でいくつかの質問に答える。研究者たちが知りたいのは、受け取るボーナスが自分の価値と無関係にランダムに配られると知って気分が不安定になっている社員は、安定性を求める傾向が強まり、新しいアイデアに対して心を開かなくなるのではないか、という点である。

参加者たちに、単に「創造性は大事だと思いますか」というようなストレートな質問をしてもあまり意味がない。正解が「イエス」だということは誰でも知っているので、本心でなくともそのように答えるだろう。ミューラーのチームはそれを避けるために、コンピュータによる「リアクションタイムテスト」で、創造性に対する無意識の偏見を調べることにした。このテストはごまかしが利かないことで有名だ。結果は非常に明快だった。前述のように、非常に不安定な状況に置かれた社員たちに、創造性が大事だと思うかと尋ねると、95パーセントの人が

「イエス」といい、創造性は素晴らしいと答えた。しかし、コンピュータテストによって無意識の言葉の連想を調べたところ、不安定な状態にいる人たちは、「創造性」を「嘔吐」や「苦痛」といった言葉と結びつけた。

不安定さを除きたい時、人は創造性に対してネガティブな姿勢を示す。しかし、創造的なアイデアをオープンに受け入れるためには、それがもたらす居心地の悪さも同じように受け入れる必要がある。「テディ効果」について学んだことからわかるように、こういう不快感を克服するのにも、ナルシシズムが役立つだろう。

自分は特別だと思っている尊大な人たちは、不安定な状況にもうまく対処する。彼らは怖れの感情をオープンにし、怖れることを怖れない。自分が望む人生、自分にふさわしい人生、そのためなら努力を厭わない偉大な人生をめざして、ひたすら突き進んでいるので、余計なことを考えないのである。

これらの「テディ効果」の価値を踏まえて、自分に尋ねてみてほしい。もし、やっかいな感情、思考、衝動、記憶などに煩わされずにすむなら何をしたいだろう。人間関係にまつわる居心地の悪さを避けるために、これまで何かを諦めたり、生き方を狭めたりしたことはなかっただろうか。

**「テディ効果」は確かに悪の源泉にもなりうる。だがまた、美しさ、幸福、意味ある生き方、成長の源にもなる。その利点を活用できれば、リーダーとしてより強靭でレジリエントで敏捷**

**になれる。**この章で述べてきた人間の「ダークな行動」は、私たちの遺伝子にもともと組み込まれているもので、4歳の子どもにもすでに見出せるものだ。今の社会は、教師、運動選手、外科医、警官、戦場で戦わねばならない兵士にまで、ポジティブに徹するリーダーを好むようだが、その人たちが活動する状況自体に「ダークな行動」が含まれているのである。

状況が適切な場合に限るが、マキャベリズムやナルシシズムやサイコパシーの要素を引き出して、緊迫した状況で冷静さを保ったり、人々を魅了したり、夢を追求する自分の能力を信じたりすることは、誰にでもできる。自分の精神のレパートリーには、こういう側面もあるのだということを理解して、必要な時に積極的にそれを活用すれば、最終局面で必要になる20パーセントのネガティブ優位性を手にすることができる。このツールは誰もが自由に使えるものなのに、多くの人がそれを使おうとしない理由は、充実と成功を手に入れるためにするべきことをするより、その瞬間に居心地がいいことの方を大事にするからだ。

皆さんに伝えたいことは、適切な状況にある場合は、いつもの親切で思いやりのあるやり方から思い切って逸脱してみようということだ。その根拠は科学的研究が実証している。時には、自分の意見をはっきり述べたり、相手を操作したりする必要がある。それは自分だけのためでなく、部下、同僚、家族など、周囲の人たちのためでもある。**対人関係においてハードな戦略とソフトな戦略の両方が使えれば、仕事や人生を充実させるのに必要な残りの優位性が手に入れられる。**

# 第7章

# ありのままの自分とつきあう

意識することには苦痛が伴う。自らの魂に向き合うことを避けるためには、人はどんな愚かなことでもするものだ。しかし光の形を想像することによって気づきを与えられることはない。闇の部分を意識することによってのみ目が開かれる。

――カール・グスタフ・ユング

今私たちは特異な世界に生きている。昔は、成功するのはもっともタフな人たちだった。戦場において勇気を示す人間や、卓越した技を見せるスポーツ選手などだ。しかし時代は変わり、今の世の中を動かしているのは「オタク」たちである。彼らが新しい電子機器を次々に生み出し、一般の人たちはそれを見て感嘆の声を上げる。近年はテクノロジーに関係する人たちが、我が国の億万長者の多くを占めている。

毎夏、大人気のスーパーヒーローを生み出すのは、これまでSF映画を作っていた人たちである。昔は、「スタートレック」の話をすれば周りに友達が集まってきた。今は「スタートレック」のTシャツを着ていたら、レトロな趣味だと思われる。昔オリジナル版「スター・ウォーズ」と「帝国の逆襲」はどちらがいいかなどと議論していた若者が、今ではビジネス界にあって、車の運転、投資、コミュニケーション、レクリエーションの様相を一変させるような決断をしている。

世の中が「オタク」傾向にあることを考え、「ホールネス（全体性）」を備えた例として、ちょっと変わった人物を紹介しよう。「アクアマン」である。漫画なんか見ない、という人のために簡単に説明すると、アクアマンは、バットマン、スーパーマン、ワンダーウーマンなどと同じように、架空の世界に住むスーパーヒーローだ。アトランティスの海底王国の支配者であり、水中で呼吸ができ、魚のように泳ぎ、水中のあらゆる生物とテレパシーで会話ができる。そしてまばゆい黄金の服に身を固めている。さまざまな能力を備えたアクアマンは、サメが人を襲ったり、船が転覆したり、街が地震で沈没したりした時に大活躍する。

しかし残念ながら、世の中の悪い出来事はほとんどすべて――銀行強盗も、民族浄化も、漫画の世界によくある大悪党の地球制覇の試みも――陸上で起こる。アクアマンが、熱狂的漫画ファンの間で「もっとも迫力に欠けるスーパーヒーロー」と言われてしまうのは、それが理由である。スパイダーマンは気の利いたセリフを言う若者で、怪力とクモの特殊な感覚を備えている。ウルヴァリンは孤独なワルで、金属製の爪を持っている。ワンダーウーマンは芯の強い美女で、スーパーマンさえやり込める。そしてアクアマンは――泳ぎがうまくて、水中で呼吸ができる……。アイアンマンのトニー・スタークより、むしろ競泳選手のマイケル・フェルプスに近いかもしれない。

しかしアクアマンは、そのような第一印象より、実際はもう少しかっこいいのである。まず、彼が支配する世界は、ゆうに地球全体の70パーセント以上を占める。それに比べたら、あの陰気で神経質なバットマンは、ひとつの街を巡回して警備しているに過ぎない。また、アクアマンはオットセイやアザラシたちと会話ができるので――身体が乾いてしまう場所はだめだが、海岸、サンゴ礁、砂州などで――悪漢と戦う時に彼らの助力が見込める。水の生物の協力まで計算に入れれば、アクアマンは地球の生態系の80パーセントを守る最大の守護者だ。これはすごいことである。もちろん、残りの20パーセントの地球は無防備なのだが。

これを何とか100パーセントにするために、この三つ叉の槍を持ったスーパースイマーは、情動的、精神的、社会的敏捷性のすべてを駆使する必要がある。まず、最後の社会的敏捷性から見ていこう。アクアマンはなかなか人好きのする男である。アトランティスの王として、ほかのヒーロー仲間のもてなしも心得ている。仲間とのしっかりした関係を保っていれば、悪に対する守備範囲が広がる。「ザ・トレンチ」というタイトルのシリーズでは、アクアマンが海辺のレストランでブロガーにインタビューされる場面があるのだが、彼は対人関係の駆け引きにも優れたところを見せている。ブロガーが無礼な態度でこう尋ねる。「誰にも好かれないスーパーヒーローって、どんな気分ですか?」反論する代わりに、アクアマンはウェイトレスに、子どもの学費にもなりそうな大金をチップとして与える。「少なくとも1人からは好かれているさ」というわけだ。彼が札束をどこから手に入れるのか、第一あのピチピチの服のどこに隠し持っていたのか、それが疑問だが……

アクアマンの力の範囲は水のある場所に限られているが、それ以外の地域に脅威が迫っていると知った時にも、海底洞窟にこもってくよくよ悩んでいたりしない。「正義《ジャスティス》の味方リーグ」

の一員として、バットマン、スーパーマン、ワンダーウーマン、フラッシュ、グリーンランタンなど、世界名うてのスーパーヒーローたちに、命さえ捨てる覚悟で戦ってくれと働きかける。自分の力の限界を認識する「情動の敏捷性」を備え、その弱さを仲間たちとの戦略的連携によって支える「社会的敏捷性」も持つ。こうしてアクアマンは残り20パーセントのネガティブ優位性を活用できるのである。

架空のスーパーヒーローの話を長々としているので、ばかばかしいと思ったかもしれないが、このアクアマンが本書の主要テーマを象徴する存在であることを理解していただければありがたい。私たちは誰でも、自分がよく知っていて快適な80パーセントの領域にばかり目を向ける傾向がある。地球の80パーセントでしか活躍できないアクアマンという存在と同じだ。そしてアクアマンは、どうやって残りの20パーセントに手を伸ばして力の範囲を広げるかを教えてくれている。

本書はここまで、個人的な幸福ばかりをめざす風潮を見直すべきだと述べ、そのためにはどうすればいいかを、多くの科学的研究を引いて説明してきた。主な事実を次にまとめてみよう。

- **「快適中毒」になると、ネガティブ経験に対する免疫力が低下する**（2章）
- **ネガティブ感情も資源であることが顧みられていない**（3章）
- **幸福を追求することが人を弱くしかねない**（4章）

・マインドレスな心理状態には利点がある。マインドフルネスと相互に活用すればなお有益だ（5章）

・困難で複雑な対人関係においては、マキャベリズム、ナルシシズム、サイコパシーなどの特質が有利に働く（6章）

そろそろ「幸福」に過度にこだわるのをやめて、成功をより広い意味で捉える時ではないだろうか。アクアマンの価値も正当に評価してやらなくては。

## 自分の「ポジティビティ・バイアス」に気づく

繰り返しになるが、ポジティビティに関して私たちは盲点を持っている。我々著者も同様である。アメリカや、英国、カナダ、オーストラリアなどアメリカに近い文化圏で生まれ育ったなら、知らないうちにポジティビティに偏向しているだろう。

たとえば、微笑みである。1日じゅう家にこもっていたのでない限り、皆さんもきっと今日1日いろいろな人に微笑みかけたと思う。宅配業者、バーテンダー、職場の同僚。さらには見ず知らずの人にも微笑んだだろう。アメリカ人は誰にでも微笑みかけることで有名だ。旅行ガイドブック『ロンリープラネット』には、フランスの街では、やたらに知らない人に向かってにっこりしないようにと書かれている。アメリカでは普通のことでも、パリの路上ではバカみたいだと思われるからだ。実際アメリカ人のポジティブ志向は徹底しており、「非言語アクセント」の域に達していると言ってもいい。外国人の話し方には必ずアクセントがあるし、ネイティブでも言葉には生まれ育った地方のアクセントがある。同様に、文化にも育った国のアクセントがあり、表情や身ぶり手ぶりなどにそれが表れる。

アメリカ人にアメリカ人とオーストラリア人の写真を見せて、国籍を当ててもらうという実験を行った研究がある。顔の表情に特徴がない場合には、コインを投げて占うほどにも当たらなかった。しかし写真の顔がすべて微笑んでいる場合には、アメリカ人たちは表情の「非言語アクセント」を素早く見分けて、ほぼ60パーセントの確率で正しく当てた。アメリカ人はどうやら、目の周りのわずかな筋肉の動きなど、微笑みを表す特徴を見分けることに長けているようだ。微笑みは、アメリカ文化に深く根差したポジティビティが表面に現れたものである。

心理学者はこれを「ポジティビティ・バイアス」と呼ぶ。何に対しても、そのよいところを人為的に膨らませる傾向のことだ。特に、漠然とした抽象的な事柄を評価する時にその傾向が際立つ。たとえば、自分の受けている教育や人間関係に対してどれくらい満足しているかを尋ねると、欧米人はアジア人に比べ、熱心に肯定する傾向が強い。特定の具体的な事柄に対する不満——教材が高いとか、講義が退屈だとか、授業開始時間が早いなど——があったとしても変わらない。なぜそうなのかというと、具体的な事柄に比べ「教育全体」を評価するのは簡単ではないからだ。受けた教育や今の人間関係全体のレベルを、総合的にゼロから100点までの間で評価しろと言われてもできそうもない。そういう状況に置かれると、アメリカ人は反射的に自分の「文化的台本」に頼ることになり、結果的に評価は底抜けに明るいものになる。

アメリカ人の集合的なポジティブ志向は、楽観性の強さに現れている。エドワード・チャンを中心とするミシガン大学の研究者たちは、アメリカ人は日本人と比べ、この後よいことが起きると信じる傾向が強いことを実証した。たとえば、昔の友達にばったり会うといったポジティブな出来事と、試験で落第点を取るといったネガティブな出来事が起こる確率に関して尋ねてみると、アメリカ人は日常のよいことに関しては日本人の2倍近く高く予測し、日常の不運な出来事の可能性については1・5倍低く見積もった。これからの人生に悪いことが起きると考える人の割合はさらに差がつき、日本人はアメリカ人の2倍半だった。「悲観的バイアス」というのは、些細なことで「大変な災いが起こる」と心配するようなネガティビティのことで、アメリカ人はこういう考え方をしたがらない。しかしミシガン大学のチャンは、楽観主義が裏目に出ることがあると指摘している。最悪の事態を予想することは「防衛的悲観主義」とも呼ばれ、これが時に有益に働くことがある。

ウェルズリー大学のジュリー・ノレムによれば、「防衛的悲観主義」とは「もっともよい結果を望みながら、もっとも悪い事態を予想する」ことだという。そんな性格は直した方がいいのではと思うかもしれないが、そうではない。「防衛的悲観主義」の人たちは、常に暗い色の眼鏡を通して物事を見ているのではないし、どんな場合も失敗を予想するわけでもない。これまでどんなにうまく行っても今回はそうでない可能性があるとわかっている、ということだ。たとえば、やんちゃ盛りの子どもを3人連れて飛行機に乗らなければならないとしたら、母親は急に「防衛的悲観主義」の戦略を取り入れるだろう。

・期待値を低くし、何事もなくすむなどと甘いことは考えない（飛行機の中で周りの人たちがどんなに嫌な顔をしてもしかたない。自分もこの2時間の間、自分の人生を呪うことになるのだから）

・起こるかもしれない悪いことをすべて詳細にまざまざと想像する（子どもたちが前の乗客のカツラを引っ張って取り、フリスビーのように投げ合うかもしれない。機内アナウンスでパイロットに何か言われるかもしれない）

明るい面にばかり目を向けてネガティブな考え方や感情を避ける代わりに、「防衛的悲観主義」を取ると、物事がうまく行かなかった時の気分をあらかじめ想像できる。ジュリー・ノレムの研究によれば、**ポジティブでなければという束縛を捨てて「防衛的悲観主義」で行く方が、失敗や失望などへの不安によりよく対処できる**という。「防衛的悲観主義」者は、最悪のシナリオを想像して、厄災を和らげるための計画を実行するので、不安を行動に変えられる。「だけど、もし現在うまく行っているのなら、心配するよりいい気分でいる方がいいじゃないか」と皆さんは思っているだろう。ノレムとチャンの研究チームは、その考え方にも挑発的な反論を行っている。彼らはこんな実験をした。「戦略的楽観主義」グループと、「防衛的悲観主義」グループにダーツを投げてもらう。その結果、総合的な成績はどちらも同じくらいだったが、成績がよかった時の条件がそれぞれ違っていた。ダーツを投げる前に、楽観主義グループも悲観主義グループも、それぞれの半数の人たちに、気分をリラックスさせるような音（天気のいい日に砂浜に波が穏やかに打ち寄せる音）を聴いてもらい、残りの半数には、ダーツを投げてそれが当たらない場面を想像してもらった。その後、実際にダーツを投げてもらったところ、「戦略的楽観主義」グループの場合、ネガティブな結果を想像した人たちよりもリラックスした人たちの方が、30パーセントほど成績が良かった。しかし「防衛的悲観主義」グループの場合はその逆で、ネガティブな結果を想像した人たちの方が、リラックスしたり、完璧な結果を想像したりした人たちよりも、30パーセントほど成績がよかった。このノレムの研究によれば、「防衛的悲観主義者は、ポジティブなムードになると成績が落ちる」のだそうだ。いい気分になると現状に甘んじてしまい、努力を迫る「不安」を失うからだ。防衛的悲観主義者を失敗させたかったら、ハッピーにさせてしまえばいいということのようだ。

この調査ではまた、防衛的悲観主義の人たちは、普段から陽気な人たちほどにはネガティブな気分を強く感じないということも実証された。つまり彼らにとって最低の気分というのは、それほど悪いものではないのだ。別の調査でも、防衛的悲観主義者たちは、ストレスの大きい困難な状況において、楽観主義者たちよりよい結果を残すということが示されている。シンガポール政府が国民に、新型肺炎SARS流行の警告を出した時、防衛的悲観主義者たちは楽観主義者たちよりも強く心配した。だが彼らはそのためにさまざまな対策を講じ、その結果、自分も家族も効果的に感染を免れた。

大きな社会問題において、ポジティビティはどのくらい役に立つだろうか。たとえば男女格差問題を見てみよう。科学、テクノロジー、工学、数学などの分野で、男性が女性より優れているという事実はよく知られている。この格差の約60パーセントは、成育歴や学習歴に起因すると言われ、残りの40パーセントは心理的なものとされている。女性は、自分たちは数学や科学の能力が低いと思い、成功できるはずがないと思い込んでいるのである。数学のテストを受ける女性たちに、彼女たちが「女性であること」を強調すると、テストの結果はいっそう悪くなる。しかしある研究によって、驚くべきことがわかった。防衛的悲観主義の女性の場合は、テストの結果が悪いことを想像してもらっても、ネガティブなジェンダーの偏見を簡単に跳ね返してしまうのだそうだ。悪い想像は、彼女たちの成績に何の影響も与えなかった。

これと同じシナリオは、黒人の知的能力に関するネガティブなステレオタイプにも見られる。白人の数がはるかに多く、偏見が黒人の学生たちを委縮させていると思えるいくつかの大学で、防衛的悲観主義の調査が行われた。その結果「防衛的悲観主義」の黒人学生たち、つまり「何か悪いこと起きた時にそれにどう対処するかを、常に思い浮かべるようにしています」とか「たぶん大丈夫だという時でも、最悪のことをまず予想します」などと答えた黒人学生たちは、退学する例も少なく、成績もよかった。ここで言えることは、ポジティビティの狭い視点から踏み出す気持ちがあれば、動かしがたいように見える社会的問題に対しても、単純な心理的戦略が有効に働くということだ。

実を言えば、楽観主義者たちも戦略的に悲観主義を用いることがある。ただ自分でそれに気づいていないだけだ。たとえば、ちょっとした心理的トリックだが、楽観主義者たちはいわゆる「回顧的悲観主義」を取ることがある。何かがうまく行かなかった時に、心の痛みから無意識に自分を守ろうとして、過去に戻って再評価をするのである。「よく考えれば、状況は最初から不利だった。だから失敗はほぼ確実だったんだ」。この改訂バージョンは、成功の可能性に関してずっと悲観的である。

この現象は次のような調査によって確認された。参加者にひとつのシナリオを提示する。科学研究所のアシスタントとして雇われた人のストーリーである。このシナリオには、ポジティブなエピソードとネガティブなエピソードが含まれていて、そのアシスタントは、素晴らしい実験アイデアを思いつくかと思えば、貴重な研究機材を壊してしまったりする。このストーリーを聞いた参加者たちに、「このアシスタントは今後成功すると思いますか」と尋ねる。そしてその後、参加者の一部にはこの仮想の人物が輝かしい成功を収めたと話し、他の人たちには結局みじめな失敗に終わったと告げる。失敗を告げられたグループの中の楽観主義者たちは、彼の失敗を「当然の結果だ」と切り捨てる傾向が強かった。彼らには、失敗が最初から決まっていたと考える方が納得しやすいからだ。

悲観主義の利点に関する研究は、「ポジティビティ・バイアス」に関する研究と同様、私たちに貴重な教訓を与えてくれる。私たちはそろそろ、何が「ネガティブな心理」で、何が「ポジティブな心理」かについて、これまでの長い間の思い込みを見直すべきなのではないだろうか。ポジティブもネガティブも、より広範で現実に即した「ホールネス」の一部だということを理解するために、「心が健全である」とは、また「成功」とは何を意味するのか、改めて考えてみてはどうだろう。

心理学がめざす究極の目標がこの「ホールネス」である。医学がめざすのはペニシリンでも骨を接ぐことでもなく、基本的に人を健康に保つことだ。SF映画や小説が描く未来の世界では、何かの装置や薬で人のDNAを変化させて破壊された細胞を修復し、長寿と完璧な健康を実現しようとするが、心理学者もまた、まるでドン・キホーテのように、究極の目標である「ホールネス」を追い求める。「ホールネス」は「エンパワーメント（自らの能力や個性を引き出して活かす）」や「自己決定（自分で選ぶ自由）」など、いろいろな言葉で表現できると思う。「ホールネス」は人生のあらゆる部分に、気づかれることなく入り込んでいる。心理学の世界でいう「ホールネス」に似た概念や、派生したものが数多くある。たとえば職場ではマネジャーやリーダーが、「最適のパフォーマンス」「やる気と活力に満ちた状態」「任務に最適の状態」などの言葉をよく使う。育児・教育の世界では「アイデンティティの形成」とか「成熟」という言葉が使われる。精神世界における「悟り」も、近いかも知れない。

現代の心理学者たちは、神経症、精神的な苦痛、人間の本質の暗い側面などに関して、昔のように単純な見方はしない。これらを、ガンと同じように治療すべき症状であると考えることは、まさにこっけいな誤りだ。今の心理学者の多くは、世間一般の風潮とは逆に、不快な心理状態は成長にとって不可欠なばかりか、成功するためのツールであると考えている。

そういう考え方の草分け的存在であるフロリダ州立大学のロイ・バウマイスターは、健全な自意識などのポジティビティに執着する心理学者たちとは一線を画し、人間の本質の明るい部分と暗い部分をより包括的に捉える。「他の学者たちと違って、私はすべて兼ね合いの問題だと考える。よい行いはしばしば悪い行いと結びついている。人は誰でも過ちを犯すものだ。会社の金をくすねるのは悪いが、たいていの場合その金は家族を養うことに使われる」と彼は言う。またスイスの著名な心理学者カール・ユングは、それと似たことを詩的な言葉で表現している。「完全な人間というのは、神と共に歩みながら悪魔と闘う人間である」

ハーバード・ビジネススクールのアリソン・ウッド・ブルックスの最新の研究を見てみよう。過去の多くの心理学者と同様、彼女も、人々がカラオケや試験など、何らかの成績に際して緊張する傾向がある点に注目した。この種の不安は非常に一般的で、多くの大学では、深刻な試験不安症に悩む学生たちのために、特別の試験会場を用意したりする。多くの人は強い不安に対処するのに、気分を落ち着かせようと深呼吸をしたり、静かな音楽を聴いたり、筋肉をリラックスさせたりする。しかしブルックスは、それ以外のアプローチの仕方があるのではと考えた。第3章で述べたように、不安というのは感情が高ぶった状態である。興奮を抑えてしまわずに、高揚した状態を有益に活用できないかと思ったのである。

ひとつの実験で、ブルックスは100人近い参加者に、カラオケを歌ってもらった。具体的には、ロックバンド、ジャーニーのヒット曲「Dont Stop Believin」の最初の部分だけを大声で歌わせた。歌を歌ってもらうということを告げたあと、参加者たちをランダムに2つのグループに分け、心情を正直に語ってもらった。ひとつのグループには、不安を感じている人はそのことを認めるように指示し、もうひとつのグループは、不安を感じている人も「自分は興奮している」という言い方でそれを表現するように指示した。歌を歌う前に不安を感じている人の割合は、2つのグループに差はなかった。しかし「興奮している」と考えた人たちは、より優れた結果を出し、音程の正確さを測るソフトによって、正確度も80パーセントと判定された。単に不安を認めただけの人たちは、正確度が53パーセントだった。

ブルックスはさらに、人前でスピーチをすることに対する恐怖について、同じ方法で調べた。不安を興奮と言い換えた人たちのスピーチは、もともと不安でなかった人たちに比べても、より説得力があり、内容も優れ、自信が見られると判定された。ブルックスはさらに同じことを数学のテストでも試して、同様の素晴らしい結果を得た。ブルックスの達した結論は、自分の感情や思いにどう関わるかということが想像以上に重要だということだ。たとえ意図的にでも

「不安」を「興奮」と言い換えられれば、わずかながら力強い変化が起こり、自分の気持ちにではなく状況に注目するようになる。ブルックスはこれを「機会マインドセット」と呼ぶ。

我々は、人間の本質の中の暗い側面を機会として捉えることを、基本的で健全な態度として提唱したい。「ネガティブ」と呼ばれている面も、自然な人間心理の構成要素である。そういう要素が自分の可能性を狭めると思っている人は、ぜひその考え方を忘れてほしい。**ありのままの自分の少々不快な部分を、わずかの間でも、単に受け入れるだけでなく積極的に活用すれば、真の成功と「ホールネス」を手に入れるチャンスを最大にできる。そうやって得られるものは本物の幸福であり、弱々しいハッピーな状態ではない。**

## よい意味での複雑さ

我々は以前あるラジオ番組に出たことがある。その時ホストが、自分は過去何十年ずっと幸せだったと言った。彼は輝かしい業績を臆面もなく自慢し、常に幸せである自分が悟りにも似た至高の精神状態に到達しているかのような口ぶりだった。我々からは見れば、彼は感じていないだけだ。その間に愛する人の死に出会うことは一度もなかったのか。困難を一度も経験しなかったのか。不当な行為を目にすることはなかったのか。彼がどんな困難にあっても幸福でいられたことよりも、なぜそうでありたいのかということの方が不可解である。楽しくて幸せな人生は確かによい人生だろう。しかし「よい人生」とは、それだけだろうか。本当の幸福とは、つかの間に過ぎる楽しい気分以上のものであるはずだ。幸せなよい人生に欠かせないと思えるものを示したのが次の図式だ。私たちが求めるのは、こういう人生ではないだろうか。

**楽しさ⟷意味**
**新規性⟷馴染み深さ**

この図式が表しているのは、人生において出会う経験は、豊かで変化に富み、時には矛盾を含むということだ。よい人生には2つの主要な座標がある。(1)楽しさ／意味、(2)新規性／馴染み深さ、である。簡単に言うと、人は楽しくしかもある程度意味のある経験をしたいと思い、そしてその経験が新鮮であり、かつある程度予測可能であることを望む。このバランスをどの程度のところに求めるかは、人によってさまざまだと思うが、図式自体は万人に共通だろう。これは実証可能な真理でもないし、これ以外に重要な座標が存在しないわけではないが、日々の暮らしで私たちが経験することの多くに当てはまる。では、それぞれの座標について見て行こう。

## 今の「楽しさ」と後の「意味」のバランスをとる

ここまで、さまざまな研究を紹介し、多くの研究結果について述べてきた。嫌われもののネガティブな状態にも、みかけ以上にいい面があるということを納得していただけたら幸いである。疑り深い人たちは、我々が怒りを奨励しているとか、理性的な思考に背を向けているとか、人を操ることを提唱しているなどと批判するかもしれない。我々を皮肉屋で、利己的で思いやりがない人間だと、この本を読んでいない人に吹き込むことは簡単だ。しかしここまで読んでくれた皆さんは、もう少し深く理解してくれたと思う。その理解と信頼をさらに確かなものにしてもらいたいので、ここから先はハウツー的なアドバイスをいくつか提供したいと思う。偏りのない豊かな人生のために、また仕事や家庭生活をよりよいものにするために、役立ててもらいたい。

これまで述べてきた通り「ホールネス」は、心理的な柔軟性に基づくいくつかのスキルの上に成り立っている。本書ではこれらを「情動の敏捷性」「社会的敏捷性」「精神的敏捷性」と説明してきた。基本となる考え方は、**どんな心理状態も何らかの役に立つ**ということだ。車のキーを見つけた時、安全な駐車場にいる時、ビジネスの交渉をしている時、子どもの教師と議論している時などどんな時であれ、それぞれの心理状態は特定の目的のためにある。**その時に生じた思考や感情は、外界の出来事に対する単なる反応ではなく、状況に応じて提供されたツールと見るべきである。**つまり自分の心の状態をいいとか悪いとか、ポジティブとかネガティブとか決めつけるのをやめて、「その場の状況にとって有益かどうか」と考えるようにした方がいいということだ。

我々の専門である「幸福」という心理状態を考えてみるとよくわかる。この誰もが求める状態は、甘美でしかも捉えどころがない。心理学者の間では、「幸福」が盛んに議論され、意見が分かれている。一方は、長い歴史を持つ、いわゆる「ヘドニア」の研究に携わる学者たちである。哲学者で歴史家のリチャード・クラウトは、ヘドニアについてこう説明する。「自分が欲している大事なものを得ているという思いと、それに通常伴う快い感情」。ヘドニアは、たとえば、自分の書いた原稿が本になったのを初めて見た時、マラソンでゴールラインを走り抜けた時、素晴らしいセックスをしたあと、大幅な昇給を知らされた時、誰もが歌ったり踊ったりふざけたりしている居心地のいいパーティを楽しんでいる時、などに感じる幸福感のことである。どれも幸せそうだ！　こんな気持ちをぜひ味わいたい。

もう一方の学者たちは、「ユーダイモニア」にこだわって研究している。これはアリストテレスの使った有名な言葉で、基本的には「高潔な生き方をしながら、自分の可能性を十分に伸ばす努力をすること」と解釈されている。「ユーダイモニア」的行動とは、たとえば自分の時間を使って他者のためになることをする、困難にめげず価値ある目標に向かって頑張る、親切にしてくれた人に感謝を表す、自分の能力を伸ばす努力をする、自分の才能（サーフィンができる、正直である、人の話をしっかり聴ける、など何でも）を活かして使う、などである。こういう幸福感は素晴らしいし奥深い。こちらもぜひ味わいたい。

研究成果を統合する過程で、2種類の幸福を巡って学会の内部に対立が生じた。人生は楽しいゲームのようなものだとする考え方には、当然ながら一部の学者たちが反発した。彼らは、「楽しさ」などは単に表面的なことであり、より深い真の幸福は自己を越えた大きな目標を真摯に追い求めることから得られると主張した。確かに一見すると、喜びを味わうこと（ヘドニア）は、人生の意味や目的を追求するよりもレベルの低い、「幸福になる近道」でしかないように思える。しかし我々は、それぞれの幸福を査定して、賞賛すべきものか、くだらないものかと考える議論にはまったく関心がない。

優れたテレビ番組や、感動的な小説について話をしていると、「私はテレビも見ないし小説も読まない。そんなものは時間の無駄だ」などと言う人がよくいる。私たちはたいていこんな風に言い返す。「君は、優れたストーリーや、興味深い登場人物や、クリエイティブなアイデアを、時間の無駄だと言うのかい？」すると相手は、「いやそんなことはない。僕が好きな番組があってね……」などと言い直すことが多い。あらゆるものが幸福の源となり得るのに、多くの人は「自分を幸福にするものは、他の人を幸福にするものより優れている」と思い込んでいる。自分が情熱を注いで楽しんでいるものが、その人にとっては何よりも素晴らしいのである。その情熱の対象が自分に合い、生来の興味を呼び起こし、望む生き方につながるものの場合はなおさらである。

それでも楽しみを、単なる娯楽とか自分本位の情熱と見下してはいけない。楽しみは、それ自体素晴らしいものだ。実は我々も、「楽しさ」に関する調査を最近行っている。30か国から

25万人のデータを集める大々的な調査である。楽しいという感情というのは万国共通で、世界中の人がスリル、くつろぎ、おいしい食事、音楽、セックスなどの一般的な喜びを日々楽しんでいる。そして、人々に「幸せを感じた瞬間」を尋ねてみると、朝一杯のコーヒーを飲む、マッサージ、沈む夕陽を見る、ロッククライミング、子どもと一緒に温かい毛布にくるまるなど、日々の小さな喜びの経験を挙げることが多い。こういう喜びは、奥深い真理を追究しなくても、精神的な成長を自覚しなくても、十分に深く味わえるのである。

残念なのは、「楽しさ」か「意味」か、という二分法的な議論によって、大きな真実が見逃されてしまっていることだ。人はヘドニアだけを求めるものでも、意味だけを追求するものでもない。むしろこう問うべきなのだ。「意味を感じるべき時はいつで、楽しさを感じるべき時はいつか」

この問いに答えるひとつの方法は、これらを感じた時を分けて整理してみることだ。最近、研究プログラムの中でそれを行ったのが、ソウル国立大学の心理学者キム・ジンヒュンとそのチームである。彼らは参加者たちに、その週（今現在）の計画と来年の同じ週（ずっと先）の計画を、各自のカレンダーに書き入れてもらった。カレンダーには何を書き込んでもかまわない。参加者たちは「友達と遊びに行って夜遅くまでダンスをする」「面白いテレビ番組を見る」「ウォーターパークに行く」「大勢の人の前で堂々とピアノを演奏する」「友人の悩み事を聞いてあげる」「早起きして規則正しく生活する」「ジムに行って運動する」などの予定を書き込んだ。研究チームは書き込まれた行動を、「快楽を求めるもの」「意味や目的を追求するもの（自己犠牲、正直さ、高潔さなどを通して立派な人間になろうとする）」、そのどちらでもないものに分けて整理した。その結果、ずっと先の予定は現在の予定に比べ、意味や目的に関するものが34パーセントも多かった。私たちは遠い先に目を向ける時、「楽しさ」よりも「意味」を重視する傾向が強くなるのである。

この結果は、ロイ・バウマイスターのチームが最近発表した論文の内容とも一致する。バウマイスターたちは、400人近い成人参加者のデータを集め、「楽しい経験」と「意味を感じられる経験」をマップ化した。その結果、「楽しさ」は現在を重視する考え方と強く結びついており、「意味」の方は過去に関する思考（祖父母が自分の子育てを振り返る時など）や、未来に関する思考（重要な目標を立てるなど）に、より強く結びついているということがわかった。

ここからわかることは、「楽しさ」と「意味」はシーソーのような関係で、人生にとってどちらも重要だということだ。ただそれを感じる局面が違う（時には同時に感じられることもある）。従って私たちはよく、デザートやパーティなどの短期的な「楽しみ」を、トライアスロンに挑戦するとか、大学を卒業するなど、未来の「意味」のために犠牲にすることがある。自分から進んで一時的に喜びを犠牲にする場合、それに代わるのはたいてい試験勉強とか、雨の中のジョギングとか、夜遅くまで報告書を書くことなど、嫌なことが多い。それでも人は不快さを選択する。それればかりが続く人生はごめんだが、この不快さが人を鍛え、多くの場合それが成功につながる。

肝心なのは、基本的に「どういう気分になりたいか」ではなく「何がうまく働くか」と考えることである。私たちは、自分の人生が何らかの大事な意味を持つものであってほしいし、また同時に日々が楽しいものであってほしい。「楽しさ重視」か「意味重視」かは、時間的展望によって決まる。次のようなことを考えてみよう。

・次の1時間、意味はないけれども楽しい経験をしたいか、あるいは喜びはないけれども意味のある時間を過ごしたいか？
・次の1週間、意味はないけれども楽しい経験をしたいか、あるいは喜びはないけれども意味のある時間を過ごしたいか？
・次の1か月、意味はないけれども楽しい経験をしたいか、あるいは喜びはないけれども意味のある時間を過ごしたいか？
・次の1年間、意味はないけれども楽しい経験をしたいか、あるいは喜びはないけれども意味のある時間を過ごしたいか？

研究者たちが参加者にこれらの質問をしたところ、楽しみか意味かという選択に、予測可能な傾向が見られた。

人々が心を惹かれるのは、「短期的楽しさ」と「長期的意味」である（次頁上のグラフ参照）。「意味が大事だとは思うけど、たった今は意味がなくてもいい」ということだ。つまり多くの人は、短期的には「快楽主義者」であり、長期的には「有徳の人」なのである。従って、人を「楽しみ人間」とか「意味人間」と明確に分けることはできない。

率直に言って、どんなに意味ある人生でも楽しみがなければつまらない。また、楽しみを追求するばかりでは、人生に成し遂げたい目標があることの素晴らしさを知らずに終わってしまう。**「ホールネス（全体性）」を備えた人とは、片方の足を現在にしっかりと下ろして、マインドフルに今の「楽しさ」を味わい、もう一方の足を未知の「意味」が待つ未来に向けて踏み出している人だと言える**だろう。式で表せば左頁下のような形になる。

だから「楽しさ」か「意味」かという問題で悩むのはもうやめにしよう。意味のある大事な目標に投資してそれを追求する一方で、日々の生活の中で楽しみも大事にすることだ。自分の価値観に合う範囲で、感覚的、社会的、知的な喜びを十分に味わえばいい。こうでなければならないと思うことなく、自分のさまざまな側面を活かすことが幸せにつながる。

## 新規性と安定性のバランスをとる

退職後にいろいろな楽しいことをして過ごすことを想像するのは愉快だ。熱帯の海でシュノーケリングをして魚と泳ぐ。ケープ・コッドでハンモックに揺れる。夫婦で仲よくワインを楽

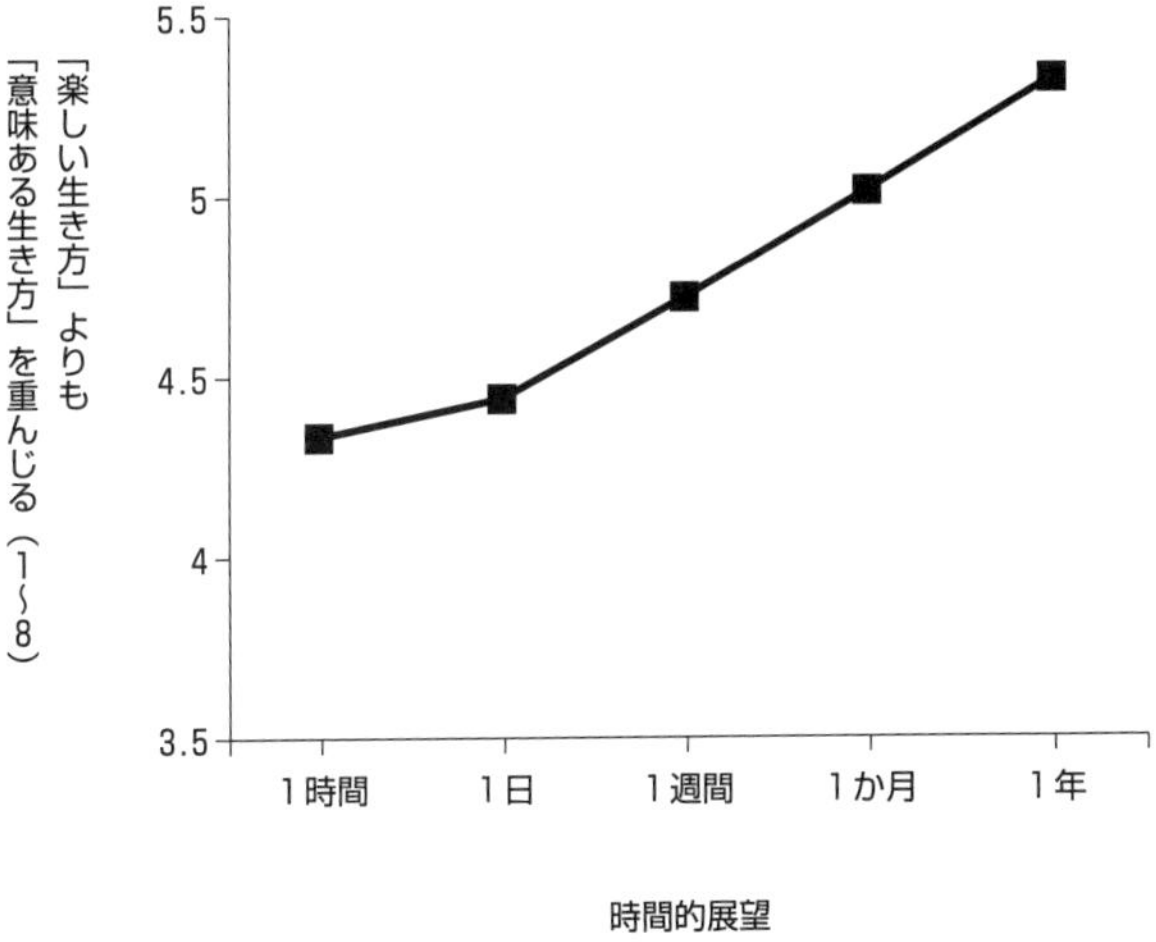


$$\frac{\text{楽しさ}}{\text{1時間}} \qquad \frac{\text{（成長＋犠牲）}}{\text{1か月}} = \text{ホールネス}$$

しむ。私たちは退職後の生活について、穏やかで充実した時間がずっと続くように考えたがる。実際には退職した後も、ゴミ出しもしなければならないし、電球の取り換えやクリーニングを取りに行くなどのやっかい仕事がついて回るのだが、そんなことは考えない。

大石繁宏たちの研究グループは、退職者と現役世代の人たちに、退職後の暮らしにおける「新規性」と「馴染み深さ」について質問した。現役世代の人たちは「新規性」を重んじる傾向が強かった。退職後はいろいろな人と出会う機会を増やし、自分の隠れた才能を見出し、これまでやったことのない趣味を試してみたいと考える。一方、すでに退職している人たちは、「馴染み深さ」を重んじる傾向が強かった。彼らは、家族や友人たちと定期的につき合い続けたいと考え、自分の病歴をよく知っている医者にこれからもかかりたいと考える。退職者たちは、新しい世界に踏み出し、自分を成長させるために新しいことに挑戦し、自分の能力を最大限に伸ばし、人づきあいの輪を広げることを、幸福とは考えていなかった。

この研究では、新規性と安定性という、もうひとつのバランス関係が浮き彫りになった。人間はこの両方がもたらす心理的喜びを求めるように動機づけられている。新しいものは新鮮で刺激的である。人が進歩するには、複雑でミステリアスで、不確定で挑戦的な経験が必要で、それがなければ、学ぶことも成長することもできない。しかしまた一方、安定した状況は予測が可能であるために、気持ちに安らぎを与えてくれる。自分は今の状況をよくわかっていて制御できると思うと、安心してありのままでいられる。

よい生活にはこのように、シーソーの両はしが必要である。次のようなことを考えてみるとわかりやすい。皆さんは、次の2つのシナリオのどちらが好ましいと思うだろうか。

**シナリオA**：家の居間をこれから死ぬまでずっと同じ状態に保つ。物の置き場を変えたり、新しい家具を買ったり、新しい写真や芸術作品を飾ったり、花を飾ったりすることはできない。これからずっと、今とまったく同じ状態でなければならない。

**シナリオB**：これから先、居間の模様替えを毎日行う。ある日はモダンスタイル、次の日はバウハウス風、3日目はアール・デコ。毎日何かしら新しいものが壁を飾る。火曜日には18世紀の韓国風衝立を中央に。水曜日には部屋の両サイドの壁に透明のガラスがはめ込まれる。

さて、どちらがいいだろう。どちらを選ぶかに、冒険好きか安定性を好むか、その人の個人的好みが表れる。しかし好みに関係なく、しばらくたつとどちらも耐えがたいものになるだろう。よい暮らしには、変化と予測可能性の両方が必要なのである。

新規性にも安定性にも、それぞれ不都合な要素がある。馴染みのある状況では、平静でいられるので緊張度が下がり、精神のリソースは少なくてすむ。しかしあまりに安定し過ぎていると、檻の中で行ったり来たりするだけの動物のような気分になってくる。そういう状態は「退屈」という言葉で表現されることが多い。現状に変化が乏しい時、刺激がない時、無意味な時間に思える時、人は退屈だと感じる。

この「退屈」というのもまた、人々に嫌がられる心理状態である。退屈な状況では喜びも意味も見出しにくいし、退屈している自分に欠陥があるかのように思えてしまうからだ。ある程度の知的能力とやる気がある人は決して退屈などせず、自分から面白いことを見つけ出せるはずだと考える風潮がある（退屈だというのは、その人が退屈な人間だからだ）。

ブリジッド・キャロルたちの最近の研究によれば、調査に参加した何十人かのCEO、ゼネラルマネジャー、その他の上級管理職たちの多くが、職場に「退屈している人」がいるというのは非生産的で、そういう部下は仕事に対する熱意がないと考えていた。だが、中にはわずかながら、退屈が持つ価値を見出しているリーダーもいた。

では退屈にはどんな利点があるのだろう。ヒンドゥー教や仏教の伝統の中には、退屈を洞察や発見の前段階と見る考え方がある。親は子どもが時には退屈する方がいいと考える。退屈という不快な状況に身を置くことによって、子どもたちが自分の興味の対象を見つけたり、心を静めたり、エネルギーの使い道を発見したりすることを、親たちは直観的に知っているからだ。

アメリカの親たちは、子どもが退屈しないように朝から夜までスケジュールを組もうとするが、それを我慢して、子どもは退屈すれば自分でそこから抜け出す道を見つけることを信じるべきだ。我々がそう思っているだけではない。米国小児科学会は2007年に、子どもが自由に行う探索的な遊びは、情動的、社会的、精神的な敏捷性を発達させるという点で、大人が指導して行う計画された活動よりはるかに優れているという結論を発表している。
エドワード・O・ウィルソンは、彼の自伝『ナチュラリスト』の中で退屈の価値について以下のように述べている。

思春期の心がたやすく降りて行くことのできるあの物憂い深みを、大人たちは忘れている。空想にふける時、心が当てもなくさまよう時に起きる精神の成長を、大人たちは意味のないものと考えがちだ……私はしばしば池の傍に長い時間座って、ヘビがいないかと水際と周辺の植物に目を配り、水面の漣にそれらしき気配を探し、見えないところで水が跳ねる音がしないかと耳を澄ましていたものだ。

退屈な時間にどう向き合うかで、その影響が健全なものになるか不健全なものになるかが決まる。たとえばスマホを持ち歩けば、いつでもどこでも退屈を消すことができる。今やっていることに飽きたり、面白くない気分になったりした時には、誰かにメールや電話をすればいい。誰も返信してくれなければ、ウェブサーフィンをしたり、ゲームで遊んだりすれば、自分と向き合うことを避けられる。しかし何かに遊んでもらう習慣ができると、何かにつけ情動経験を避けるようになる。不快な感情が生じそうになると防衛的になり、それから逃げるのである。退屈するたびに自分に人工的な刺激を与えていたのでは、心が当てもなくさまよう時にふと生じる成長の機会に出会えない。

ほかのマインドレスな状態でもそうだが、退屈している時にも何か特別なことが起きる可能性がある。脳を自由に遊ばせていると、うまくすればそれが創造性と成長のきっかけとなるし、うまく行かなくても、少しの間つまらない気分を味わうだけのことだ。退屈はまたエネルギーが低下している状態でもある。やるべきことが完成して、そこに問題がないことの表れでもある。つまりすべてをやり終えたので、目的を失くしたような気分になるのである。そこで退屈から強いモチベーションが生まれることがある。退屈が新しいものに目を向けさせ、自己満足から押し出してくれるために、安全も成功の保証もない不確かなものに挑戦しようという気持ちになる。

安定性に伴う不快な面のひとつが「退屈」だということを述べてきたが、新規性もやはり暗い側面を伴う。新規性が強すぎると、「不安」がかき立てられる。製品テストにおける絶え間ない変更、離婚による生活の変化、ヨーロッパを駆け足で回る旅行など何であれ、変化が激しい状況は困難が生じる。めまぐるしい変化によって人々が感じる緊張は、もっとペースを落としてゆっくりするべきだというサインである。退屈も不安も不快ではあるが、どちらも非常に有用だ。自分が生活の新しいもの、もしくは慣れ親しんだものに多くの時間を使い過ぎていると知らせてくれるからである。

ここでもまた、これら2つの概念の関係を理解するカギは時間である。先ほど「楽しさ」が短期的現象で「意味」が長期的現象であるということを述べたが、「新規性」と「安定性」の関係もそれと似ている。「新規性」に関わるのは主に、早く過ぎる時間である。新しいものは強いインパクトを持ち、人を没頭させるので、時間がいつの間にか経ってしまう。私たちはその瞬間の熱狂に我を忘れる。ネガティブでもポジティブでもなく両方の感情が溶けあって活力が生じ、人は自分がこの瞬間に生きている感覚を存分に味わう。それに対して「安定性」は、ゆっくりと過ぎる時間である。そこでは今起きていることをじっくりと考え、それに反応し、評価し、判断するゆとりが十分にある。今自分が手にしているものに感謝する時は心地よく、人生が同じことの反復でしかないと気がついた時には不快感となる。

自分が時間をどう感じるかを考えれば、生活のテンポを早めるべきなのか遅くするべきなのかがわかる。時間が遅々として進まないと感じる時には、過去も現在も未来もずっとつながっているように思える。退屈が始まるのは、ともかく時間がありすぎるという時だ。また一方で、毎日がすさまじい速さで来ては過ぎ、感覚に絶え間ない刺激が与えられると、人はそのうちパニックを起こす。

ゆっくり過ぎる時間の素晴らしいところは、身近な人たち、起きていること、周囲の環境などを判断するための心理的なゆとりがあることだ。よく知っていると思っていたことの中に何か発見があるかもしれない。表面上は前日とまったく同じ場所のように思えるのに、何か特別のものを見出せるかもしれない。いつも幸福でいることはできなくても、いつも注意深く好奇心を働かせることはできる。

早く過ぎる時間の素晴らしいところは、活力が湧くことだ。そのエネルギーを、自分の価値観に合う一番大事なことに振り向ければいい。「価値観に基づく生き方」というのは、GPSのナビシステムを思い浮かべるとわかりやすい。ナビで目的地を設定しておくと、曲がる方向を間違った時、正しい方向を示してくれる。だが間違ったからといってシステムは私たちを責めたりしない。従って私たちはその情報を単に受け取って、もし最初に決めた目的地にまだ行きたいのであれば、指示に従えばいい。「価値観に基づく生き方」とはまさにそういうことだ。ナビが最初にプログラムしたルートを強制しないのと同様、価値観や人生の目的を持っていても、それ以外の道を通っていけないわけではない。

たとえば、子どもに対して愛情深く、注意深く、優しい親であることをもっとも大事な価値と考えている人でも、時には子どもたちから離れてひとりの時間や大人同士の会話を楽しみたいとか、90分のスクラブやマッサージを受けたいなどと切実に思うことがある。自分の価値観や目的から少し逸脱したからといって、それらが台無しになることはない。正しい道から絶対それないという無理な生き方に自分を縛り付ける必要はない（前章で見てきた通り、私たちはみな、時に偽善者なのである）。

マハトマ・ガンジーは、息子たちに対して厳しく批判的で、あまりかまってやらなかったようだ。しかし「敵に対してさえも思いやりを持つことを人々に教える」という彼の人生の目的は一貫して変わらなかった。彼は偉大な人物だが、普通の人と同じように、難点も短所も持っていた。こんな風にガンジーを語ることは、彼の神聖なイメージを冒すものではなく、むしろ彼を解放することになる。ひ孫にあたるトゥーシャー・ガンジーは次のように言っている。

> ガンジーはマハトマ（大聖者）という型に押し込められてしまった。彼を台座の上に祭り上げて、あんな人の真似はとてもできないと言うのは簡単だ。我々は彼を、何かを成し遂げようとして努力した普通の弱い人間として見るべきだ。そして彼のような人間を、ただ崇拝するのではなく真似なくてはいけない。

トゥーシャーの言葉を聞くと、肩の力が抜けるような気がする。私たちも、人を愛すること、仕事をすること、遊ぶことを、いつもすべて完璧なバランスで行わなくてはと力む必要はない。そういう完璧さが「ホールネス」なのではない。**ホールネスとは、自分の人格のあらゆる部分——明るい部分と暗い部分、強さと弱さ、成功と失敗——に心を開いてそれを受け入れることである。**その中には「楽しい生き方」と「意味ある生き方」、そして「新規性重視」と「安定性重視」の両ペアも加えよう。**一見矛盾するような側面が自分の中にあることを知ることで、今の状況に力や影響を行使でき、これから先の人生にさらなる活力、敏捷性、忍耐力をもたらすことができる。**

## 大まかさときめ細かさと

2001年9月11日の朝、2機の旅客機がニューヨーク市のツインタワーに突入した時、人々は世界が一変したことを知った。この出来事とその衝撃を伝えるために、『ニューヨーク・タイムズ』紙やその他のメディアは、付近の路上で地元の人々に話を聞いた。惨事の数日後、非常に対照的な答え方をしていた2人の市民がいた。

最初はともかくひどく悲しかった……それから怒りが湧いてきました。その悲しみに対して自分は何もできないからです。

どんな気持ちかって、ひと言で言い表せないね。怒りというか、混乱というか、恐怖というか……。ともかくひどい気分だった、あの日は。——本当に最悪の気分だった。

この2人のうち、どちらがストレスによりよく対処でき、苦悩の中でも自分の目標に向かって進んで行くだろうか。1人目は、強い悲しみのあとに怒りのエネルギーが満ちてきて、誰かのために何かしたいと思うようになったという感情の推移を、驚くべき正確さで捉えている。2人目は、湧き上がる感情を言い表すのに苦労していて、結局非常に悪い気分だったとしか言えなかった。

これらは、ニューヨーク市民たちがレポーターに尋ねられて自分の感情を言葉にした時の、典型的な例である。皆さんもたぶん、自分の感情をより明確に理解できる人の方が、ストレスの高い状況によりよく対処できるだろうと推測したと思う。その通りである。最初の人のように、ストレス下の自分の感情をきちんと把握できる人は、行動を起こそうとする気持ちが湧いてくるのを利用できる。

このことを知っていると、現状に甘んじるかそれを改良するべきかと迷う時に、賢い判断を下すことができる。自分の感じているものが、罪の意識なのか恥の感情なのか、怒りなのか恐怖なのかがよくわからないと、その不快さに耐えることが難しい。不快感から逃れるためにアルコールに走ったり、繰り返し話の腰を折る男に平手打ちを見舞ったりするなど、反射的に行動してしまうことがある。このことは我々著者の研究でも明らかになっている。

自分の情動経験をはっきり識別できるというのは貴重なスキルである。そして何よりいいことは、それを活かす方法が習得できることだ。少々変わった例で説明しよう。皆さんの中にも、クモが怖いという人がたぶんいると思う。そうでなくても、誰だって4センチもある紫色の腹をしたクモが出てきたらぞっとするだろう。だが心理学は、「クモ恐怖症」に関してだけは、その解消方法を完成させた。もっとも標準的な治療法は、「疑似体験療法」である。やり方は簡単だ。恐怖症のある人を1つの段階から次の段階に、時間をかけて誘導していく。すると、以前は恐怖を感じた状況にあっても平気でいられるようになる。最初のセッションではおそらく『シャーロットのおくりもの』という物語を読むことになるだろう。クモのシャーロットが巣の中に座っているイラストをじっくり眺める。それができたら、次にはドキュメンタリー映画を見る。その中で、クモが壁を這いあがる様子や、ネット状の糸を飛ばしてコウロギやキリギリスやチョウチョを捉える様子を観察する。

ここまで来たら、さらに恐怖のステップを上る。まず、蓋の閉まったガラス容器に入った生きたクモを、ガラスの窓越しに見る。次に部屋に入って、20メートル離れたところから見る。それから少しずつ近づいていく。最後にその人は蓋の閉まった容器を手に持ち、心の準備ができたところで蓋を開ける。それを何度か繰り返した後、手や足の上にクモを這わせる。4週間から6週間もたつと、恐怖症の患者は、何十匹ものクモが助手席やダッシュボードの上を這い回っている車に乗って、空っぽの駐車場の中を運転できるほどになる（ウソじゃありません！）。

こういう手法は実際にやってみると、想像するほど辛いものではない。各段階で不安が十分に静まって当人が決心しない限り、次の段階に進めることはないからだ。この「疑似体験療法」は、確かに効き目がある。我々も含めいくつもの研究チームがこのアプローチを試してみたが、わずか3時間以内でクモに対する恐怖を完全になくすことができた。

この治療法はその後、「情動のラベリング」というプロセスを用いてさらに改良された。「疑似体験療法」がそれほど効果的なら、なぜ改良するのかと思われるだろうが、「情動のラベリング」には、人の心をさらに落ち着かせる効果があることがわかったからだ。カリフォルニア大学ロサンゼルス校（UCLA）の3人の心理学者は、クモを怖がる人たちを3つのグループに分けて、前述のような「疑似体験療法」に参加してもらった。その際、各グループにそれぞれ異なる介入を行った。

1つ目のグループは「楽観的思考」。「皆さんの前にいるこのクモは、小さいしそれに無害です」などと説明する。2つ目のグループは「経験の回避」。「ところで、最後にデンタルフロスを使ったのはいつでしたか？」などと尋ねて関心をそらす。3つ目のグループは「情動のラベリング」。今感じている気持ちを認識してラベルをつけるように指導する。参加者たちは、クモが垂直な壁にどうやってつかまっていられるのか不思議だとか、クモの身体の毛が気味悪いとか、クモが自分の身体の上を這ったり、噛みつかれたりするのではないかと怖い、などと気持ちを説明した。

これら3通りの介入の有効性を評価したところ、「楽観的思考」や「経験の回避」を使ってクモに対する恐怖心に打ち勝つように人々を訓練すると、かえって前よりも悪い状態になってしまうことがわかった。一方「情動のラベリング」をするように訓練された人たちは、長期的に見てもっとも大きな効果があった。「情動のラベリング」によって、クモに対処する能力がさらに高まる。その結果、人々は恐怖を以前ほど感じなくなり（18・1パーセント低下）、クモを見せられた時の身体的反応も減少した（27・5パーセント低下）。そして参加者たちはステップをさらに上り、「脅威マインドセット」は、「機会マインドセット」に切り替わっていった。

「情動のラベリング」は、驚くほど簡単で習得可能なスキルであることがわかった。しかし今までその有効性が見過ごされてきたのは、これがなんとなく子どもっぽく感じられるからかもしれない。幼稚園の教室の壁に、さまざまな表情の顔が書かれたポスターが貼ってあるのを見ることがある。悲しい顔、怒った顔、イライラした顔、寂しそうな顔、疑っている顔、当惑している顔。気持ちによって表情は変わるということを、子どもたちに学ばせるためだろう。だが大人たちも、さらに成功と幸せを望むのであれば、もっと感情のリテラシーを向上させる必要がある。ポジティブ感情とネガティブ感情の違いを知って、日々の生活の中でできるだけポジティブ感情が占める割合を増やそうとすることも確かに有効だ。しかしそのことは、すでによくご存じなので、本書は皆さんをそれより一段上のレベルにご案内したい。

いつもいい気分でいなければという思い込みから抜け出し、さまざまな感情と向き合ってそれを識別することが大事だ。「いまどんな気分ですか」と聞かれたら、子どものように感じたままを答えればいい。「すごくステキな気分」「まあまあかな」「メチャひどい」など。「いい」とか「悪い」以上の表現ができない人はストレスに負けやすく、それは多くの場合、健康上の問題になって表れる。ある状況で自分の感情がどういうものかを正確に識別できるようになると、それがネガティブ感情であっても特に問題はない。我々の研究によってわかった事実は次のようなものだ。

・ストレスを感じている時、自分の気持ちをその微妙なところまで正確に語ることができる人は、自分の感情を明確に捉えられない人に比べ、バーやパーティで消費するアルコールの量が40パーセントも少ない。

・自分の感情を豊かな語彙を使って表現できる人は、自分の感情を明確に捉えられない人に比べ、いじめや挑発で自分を怒らせた相手に対して言葉の暴力や腕力を振るうことが40パーセント少ない。

・ボールを投げ合うゲームの実験で、初対面の相手に拒絶される状況を作る。その瞬間に自分がどんな気持ちになったかを表現でき、その感情を識別できる人は、脳の神経系で心身の苦痛に関係する部位がそれほど活性化しない。そういう人は、感情的になりそうな状況でも平静を保つことができる。

これらの研究でわかったことは、ネガティブな感情は、それを理解し識別することによって、心身に無害なものに転換できるということだ。従って、感情をなだめるための不健全な行為――大酒、過食、他者への攻撃、自傷など――に走ることもなくなる。**ネガティビティをどれだけ経験するかが、その人の成功の可能性に影響を及ぼすのではない。ネガティブ感情を正**

**しく識別できるかどうかが重要なのである。**これは「ポジティビティがよくてネガティビティがよくない」という認識の先にある新しい考え方だ。

皆さんはこんな疑問を持っていないだろうか。「ネガティブ感情についてあれこれ思い巡らせたりしたら、よくないことが起きないだろうか」。それは、その思考が強迫的になってしまった場合だ。ネガティブな思考や感情の原因となった出来事にこだわり、思いを巡らせるうちに苦悩の深みにはまり、楽しむことも生産的な活動もできなくなってしまう。しかし強迫的な思い悩みと「感情の識別」はまったく違う。感情の識別というのは、今感じたり考えたりしていることを理解して表現することである。感情を情報として見るので、そういう状況を経験するたびに私たちは賢く強くなっていく。本書がずっと述べてきたことと同じである。

感情の識別はこのように有益だが、それがあまり行われない理由のひとつは、私たちには物事をひとまとめにして考える習性があるからだ。日々経験する出来事を共通の特徴で分類してまとめて、脳内のスペースを節約するのである。たとえば、木、市の職員、男性などというカテゴリーには、本質的特徴をいくつか共有しているものがひとまとめに入っている。本質の概念はちょっとクイズに似ている。たとえば「象は松の木でありうるか」の答えはノーだ。象と松の木の本質はかけ離れていて重ならない。「医者は高齢者でありうるか?」の場合はイエスだ。医者も高齢者も人間で本質が重なっている。

感情の場合も、似たものが自動的に集められる傾向があるようだ。これはどうだろう。「怒りは恥ずかしさでありうるか？」。本質に注目する傾向がある人ほど、どちらもネガティブ感情で同じ仲間だと捉えてしまい、1日の間に経験するさまざまな感情を識別できない。ニーチェが言ったように「言葉が意識を決定する」のである。

自分の中に、十分認識されることなく見過ごされて来た側面があるのではないだろうか。それを新しい方法で見つめ直すことを提案したい。そうすれば自分という人間の捉え方がもっと広くなる。ポジティブ感情とネガティブ感情のどちらが大事かと考える必要はない。そういうアプローチは単純すぎて、現実世界の複雑さと美しさを捉えることができない。もともと複雑な感情を、複雑なままに理解する方がいい。それによって最高の喜びも捉えられるし、また悪い状況に落ち込んだ時に、その状況に対処するスキルも使える。

## 幸福のさらに向こうにあるもの

人は誰しも、自分の生活をよりよいものにしたいという抑えがたい欲望をもっている。野心、健康、知識、遺産など、人々がめざすものの多くは、人生でできるだけ勝利し成功したいという願望と結びついている。近年は、向上をめざすという人間本来の心の動きが「快適さ」の欲求と結びつくようになった。ポジティビティの価値に関する議論が高まるにつれ、人々は苦痛を避けて「楽しさ」に投資しなければと思うようになる。ブログ、雑誌、コンサルタント、書籍などがこぞって「いい気分」になることを勧め、「ポジティビティが仕事の成果を向上させ、人間関係をよりよいものにする」と説明する。一方でこういうアプローチに懐疑的な人たちは、それを「ポリアンナ的」として取り合わない。「むやみにポジティビティを求めることは、日々不確定で複雑な試練に出会う現実と相容れない」という彼らの考え方は正しいと思う。ユングの言葉の中にあるように、私たちはそれぞれ皆、神と共に歩み悪魔と戦っているのである。

自分の人格の中には、陰うつであまり感心しない側面があるかもしれないが、それを消し去ることはできない。また消し去ることは健全でもなければ有益でもない。経験している感情を抑圧することは、現実生活の「すべてを含んだ豊かさ」を手放すことになり、心にとって有害である。人間として成長し、人を愛し、人生に意味と目的を求めようとするのであれば、自分のネガティブな側面も含めてすべてを知らなければならない。そして必要に応じてそれらの側面を行動のレパートリーに組み込むことだ。**ネガティブな資質を、抑圧したり、無視したり、隠したりしてはいけない。それらに気づき、価値を理解し、ここぞという時に活用すればいい。それによって幸福を手に入れる可能性は広がる。**そうでないと恐怖に捉われて、たった一度の人生において得られるはずの経験や達成を自ら制限してしまいかねない。

すべてを最大限に活用しよう。そして、ホールネスを持った人間をめざそう。

# 謝辞

本書の執筆には長い年月を要した。周りの方々の多大な支援なしには到底成し遂げられなかったと思う。共著者のトッドのおかげで、私ひとりで執筆するよりはるかにいいものができたことに感謝している。また編集者のカロライン・サットンを始めとするハドソン・ストリート・プレス社の編集チームにも感謝の意を表したい。カロラインは原石の中にダイアモンドを見出してそれを磨き上げることのできる人だ。そしてピーター・ガザーディもまた、優れた編集手腕を発揮してくれた。彼には特別の才能があり、彼から間違いを指摘されると、私はにっこりしてそれを受け入れ、感謝してしまう！

非常に優れたエージェントであるリチャード・パインにも感謝している。彼が本書を企画し、日の目を見るまでずっと支援してくれた。

最後に妻のキーヤにも感謝の言葉を。これほど長い年月、私を信じ、支えてくれて、本当にありがとう。

ロバート・ビスワス＝ディーナー

著者略歴――――
## トッド・カシュダン Todd B. Kashdan

ジョージ・メイソン大学教授、同校ウェルビーイング促進センター上級研究員、オーストラリア・カソリック大学ポジティブ心理学・教育研究所上級研究員。パーソナリティ、ウェルビーイング、人間関係などの分野を専門とし、その研究は高く評価されている。

## ロバート・ビスワス＝ディーナー Robert Biswas-Diener

40点以上の学術論文を発表し、六大陸において何千人もの知的職業人たちに心理学の研修を行っている。アーミッシュの農夫、コルカタの売春婦、マサイ族、グリーンランド辺境のアザラシ漁師など、普通の心理学者が研究対象にしないような人たちを対象に研究を続けてきており「心理学界のインディ・ジョーンズ」という異名を持つ。『ジャーナル・オブ・ポジティブ・サイコロジー』誌編集委員。著書に『「勇気」の科学　一歩踏み出すための集中講義』（大和書房）。

訳者略歴――――
## 高橋由紀子 たかはし・ゆきこ

翻訳家。慶應義塾大学文学部卒業。訳書に『幸福優位7つの法則』（徳間書店）『成功が約束される選択の法則』（同）『ポジティブな人だけがうまくいく3：1の法則』（日本実業出版社）ほか多数。

# ネガティブな感情が成功を呼ぶ



2015年6月26日　第1刷発行
2020年6月18日　第4刷発行

著　者　トッド・カシュダン
　　　　ロバート・ビスワス＝ディーナー
訳　者　高橋由紀子
装幀者　永井亜矢子（陽々舎）
発行者　藤田　博
発行所　株式会社 草思社
〒160-0022　東京都新宿区新宿1-10-1
電話　営業 03(4580)7676　編集 03(4580)7680
振替　00170-9-23552

本文組版　株式会社 キャップス
印刷所　中央精版印刷株式会社
製本所　株式会社 坂田製本

ISBN978-4-7942-2138-4 Printed in Japan　検印省略
http://www.soshisha.com/